JAPANISCH FÜR MANGA-FANS

Manga lesend Japanisch lernen!

THORA KERNER/JIN BARON

CARLSEN MANGA!

Editorial

**Konnichiwa,
liebe Japanisch-Fans!**

Japanisch ist auf den ersten Blick eine ausgesprochen schwierige Sprache. Das liegt natürlich vor allem daran, dass sie sich aus Schriftzeichen zusammensetzt, die wir als Europäer erst einmal lernen müssen. Und als ob das nicht schon reichen würde, sind es gleich drei verschiedene »Alphabete«: Hiragana, Katakana und Kanji.
Was es damit auf sich hat, erfahrt ihr gleich in den ersten Lektionen.
Japanisch ist aber auch aus anderen Gründen nicht ganz einfach. Da sich das soziale Zusammenleben der Menschen in der Gesellschaft stark von dem unseren unterscheidet, sind natürlich auch viele Kommunikationsformen ganz anders als bei uns. Ihr werdet bald merken, dass dies sich neben der Sprache auch in Gestik und Mimik niederschlägt.

In diesem Buch findet ihr 24 Lektionen, die euch einen unterhaltsamen Einstieg in die japanische Sprache ermöglichen sollen. Außerdem bekommt ihr auch einen Eindruck von japanischen Umgangsformen und alltäglichen Situationen. Nette Figuren und lustige Episoden machen Lust auf mehr, und dieser Kurs verschafft euch den Grundstein, die japanische Sprache zu lernen und zu gebrauchen.

Viel Spaß wünschen wir euch beim
Lesen und Lernen!

Inhaltsverzeichnis

Die Hauptfiguren

Oma Nakayama

Sie ist viel älter, als sie aussieht. Das liegt vor allem an ihrer energiegeladenen Art. Ihre Unterrichtsmethoden sind etwas eigentümlich, vor allem schnelle Reisen durch Raum und Zeit, um den Schülern immer alles bestmöglich zu vermitteln...

Nils

Er schläft gerne und oft. Wenn er wach ist, ist er ein aufmerksamer Schüler, der jedoch hin und wieder etwas übermütig wird.

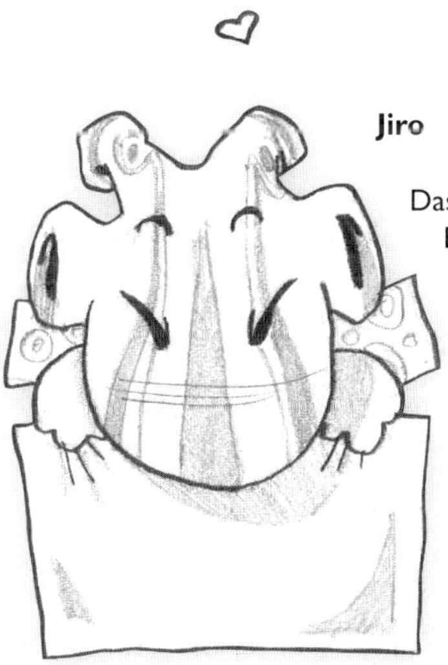

Jiro

Das kleine Tierchen ist fast allwissend. Es weiß immer Bescheid und gibt sein Wissen auch so oft wie möglich weiter. Es begleitet unsere Helden ständig und überall.

Sonya

Sie ist eher zurückhaltend, aber ehrgeizig. Die Rolle des »Klassenclowns« überlässt sie Nils, damit sie sich ganz aufs Lernen konzentrieren kann.

Schnörkel schöner schreiben...
... Hiragana!

Lektion 1

1

IM JAPANISCHEN UNTERSCHEIDET MAN ZWISCHEN LANGEN UND KURZEN VOKALEN. AUF JAPANISCH IST EIN EINZELNER VOKAL ERST MAL GRUNDSÄTZLICH KURZ (ANDERS ALS IM DEUTSCHEN, DA SIND DIE VOKALE IMMER EHER LANG).
MEISTENS WIRD EIN LANGES O MIT »OU« GESCHRIEBEN, WIE BEI »TOUKYOU«. DABEI TÖNT DAS »U« NICHT MIT, SONDERN MACHT NUR DAS O LANG. ES HÖRT SICH ALSO SO AN: »OH«… TOKYO…
おう
DIE KANJI WURDEN VOR LANGER ZEIT AUS DEM CHINESISCHEN ÜBERNOMMEN. FRÜHER SCHRIEB MAN GANZE JAPANISCHE TEXTE NUR MIT CHINESISCHEN ZEICHEN. HEUTE NIMMT MAN KANJI FÜR SUBSTANTIVE, VERBEN UND ADJEKTIVE.
»UMSCHRIFT« ODER »TRANSKRIPTION« HEISST IN DIESEM FALL, DIE JAPANISCHEN ZEICHEN IN LATEINISCHE SCHRIFT ZU BRINGEN: SO WIRD AUS EINEM ら EIN »RA«.
DAS SIND DIE BEIDEN VON DER JAPANISCHEN REGIERUNG EMPFOHLENEN UMSCHRIFTSYSTEME. WIR WERDEN HIER DIE HEPBURNUMSCHRIFT – AUF JAPANISCH HEBONSHIKI BENUTZEN, DENN DIE IST AM MEISTEN VERBREITET.
KUNREI?
HEPBURN?
DAS »R« IST SO EINE ART ZWISCHENDING ZWISCHEN »R« UND »L«, ABER EBEN DEUTLICH MEHR »R«.
»L« ODER »R«? KÖNNEN JAPANER KEIN »L« ODER KEIN »R«?
L ODER R
KEINE UMSCHRIFT DES JAPANISCHEN, WEDER DIE KUNREI-UMSCHRIFT NOCH DIE HEPBURN-UMSCHRIFT, LÄSST EIN »L« ZU, ALSO LASSEN WIR DAS AUCH.
MANCHE SILBENZEICHEN HABEN KLEINE ERWEITERUNGEN: ZWEI KLEINE SCHRÄGSTRICHE RECHTS OBEN ODER EINEN KREIS AN DER GLEICHEN STELLE. ***ZWEI KLEINE STRICHE*** VERÄNDERN EINE SILBE SO: AUS »KA KI KU KE KO« WIRD MIT ZWEI STRICHEN »GA GI GU GE GO«. AUS DEM HARMLOSEN »HA HI FU HE HO« WIRD »BA BI BU BE BO«. AUS DEM SANFTEN »SA SHI SU SE SO« WIRD »ZA JI ZU ZE ZO«. AUS »TE« WIRD »DE« UND AUS »TO« WIRD »DO«. MIT ***EINEM KLEINEN KREIS*** RECHTS OBEN WIRD AUS »HA HI FU HE HO« »PA PI PU PE PO«.
ROPPONGI IST EIN STADTTEIL VON TOKYO. DA SIND VIELE DISCOS UND CLUBS UND SO…
WENN MAN EINEN VOKAL KURZ AUSSPRECHEN ODER EINEN KONSONANTEN VERDOPPELN MÖCHTE WIE IN »ROPPONGI«…
… DANN KANN MAN EIN KLEINES »TSU« HINTER DEN VOKAL KLATSCHEN. DAS WIRD NICHT MITGESPROCHEN, SIGNALISIERT ABER DEM LESER EINEN GANZ KURZEN VOKAL MIT DARAUF FOLGENDEM DOPPELTEN KONSONANTEN.
ROPPONGI
DISCO

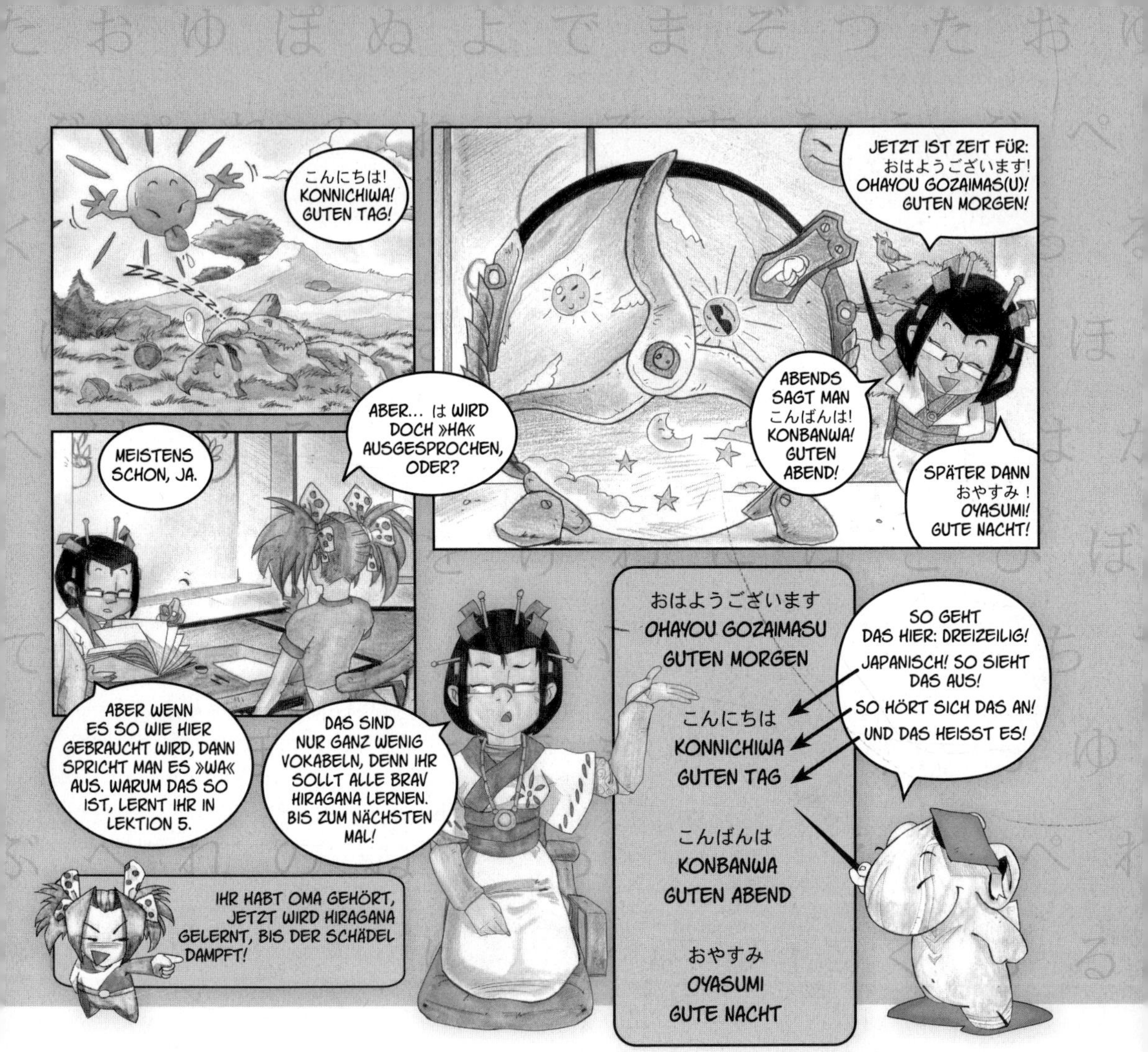

Wie verbeuge ich mich richtig?

Vergesst einfach alles, was man euch bisher über die furchtbar komplizierte Verbeugung bei der Begrüßung erzählt hat. Die verschiedenen Winkelgrade der richtigen Verbeugung in Bezug auf die Rangordnung in der Gesellschaft und persönliche Beziehungen sind nur was für Fortgeschrittene und fürs Erste damit völlig ohne Belang. Kein Mensch erwartet von euch, dass ihr euch perfekt verbeugen könnt. Wichtig sind nur die beiden goldenen Grundregeln:

1. Immer mit geradem Rücken verbeugen (also keine Theaterbühnenverbeugung).

2. Immer aus dem Augenwinkel schielen, wie weit sich der andere verbeugt, und dann ungefähr auf gleicher Höhe oder einen Tick tiefer stoppen. Die meisten Verbeugungen wippen sich auf etwa 45° ein. Viele Japaner versuchen übrigens, Europäer mit einem Händeschütteln zu begrüßen, weswegen man aufpassen muss, dass eine harmlose Begrüßung nicht in einem Judogriff endet.

Wie male ich richtig ?

Um Hiragana schreiben zu können, muss man nicht gut zeichnen können: Übung macht den Meister. Bei den meisten Zeichen gilt: die horizontale Linie zuerst, dann links, dann rechts.

HIRAGANA		... UND SO MALT MAN			
ne	ね	丨	ね		
no	の	の			
ha	は	丨	に	は	
hi	ひ	ひ			
fu	ふ	`	ぅ	ふ	ふ
he	へ	へ			
ho	ほ	丨	に	に	ほ
ma	ま	一	二	ま	
mi	み	み	み		
mu	む	‐	む	む	
me	め	\	め		
mo	も	‐	こ	も	
ya	や	っ	ゃ	や	
yu	ゆ	ゆ	ゆ		
yo	よ	‐	よ		
ra	ら	`	ら		
ri	り	い	り		
ru	る	る			
re	れ	丨	れ		
ro	ろ	ろ			
wa	わ	丨	わ		
wo	を	一	ち	を	
n	ん	ん			

HIRAGANA		... UND SO MALT MAN			
a	あ	一	十	あ	
i	い	い	い		
u	う	‐	う		
e	え	‐	え		
o	お	一	お	お	
ka	か	つ	カ	か	
ki	き	一	二	キ	き
ku	く	く			
ke	け	丨	に	け	
ko	こ	‐	こ		
sa	さ	一	ヤ	さ	
shi	し	し			
su	す	一	す		
se	せ	一	サ	せ	
so	そ	‐	そ		
ta	た	一	ナ	た	た
chi	ち	一	ち		
tsu	つ	つ			
te	て	て			
to	と	'	と		
na	な	一	ナ	な	
ni	に	丨	に	に	
nu	ぬ	\	ぬ		

Katakana – wer bin ich und...
... wie heißt du?

Lektion 2

2

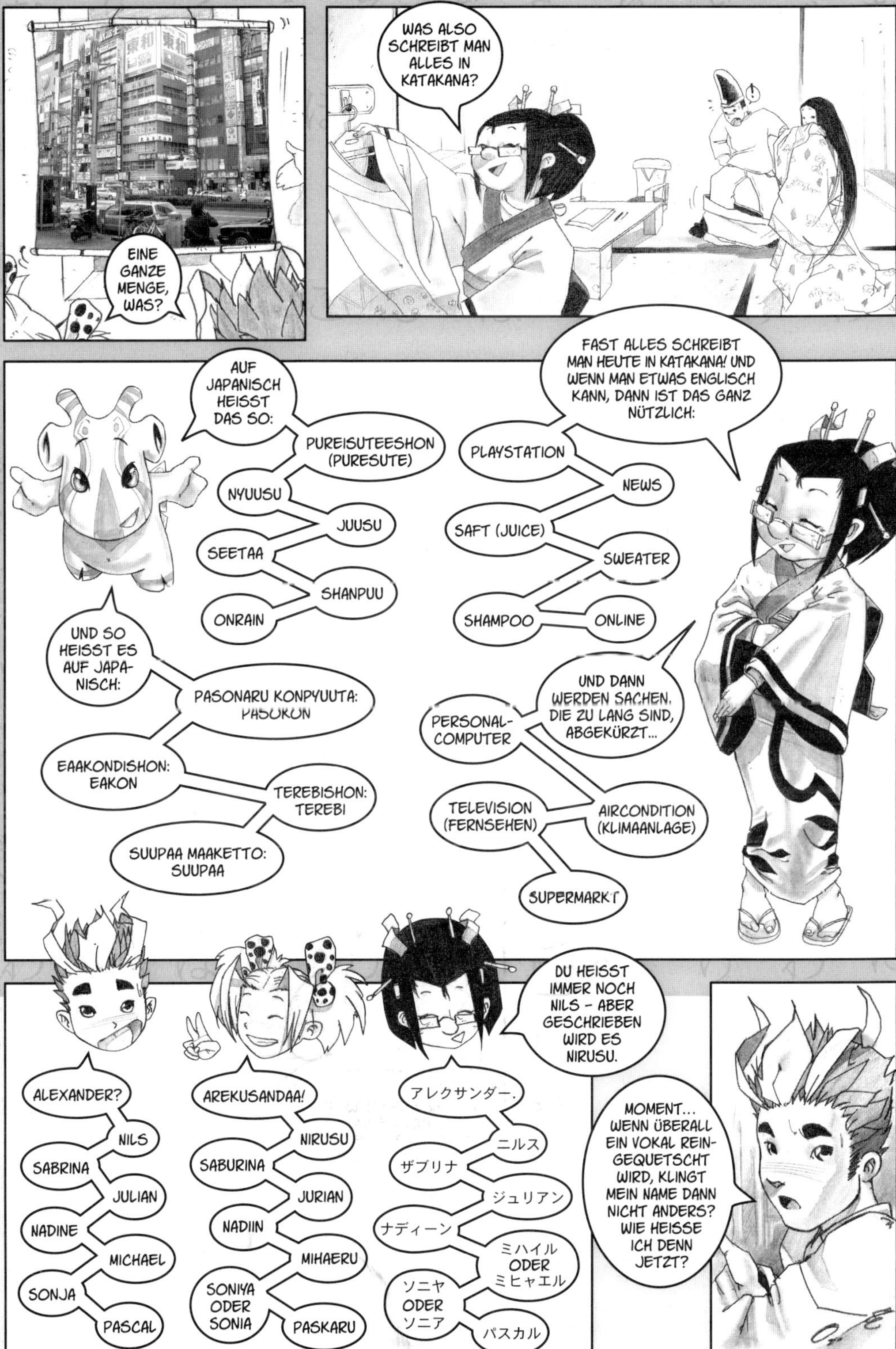

EINE GANZE MENGE, WAS?
WAS ALSO SCHREIBT MAN ALLES IN KATAKANA?
FAST ALLES SCHREIBT MAN HEUTE IN KATAKANA! UND WENN MAN ETWAS ENGLISCH KANN, DANN IST DAS GANZ NÜTZLICH:
PLAYSTATION
NEWS
SAFT (JUICE)
SWEATER
SHAMPOO
ONLINE
AUF JAPANISCH HEISST DAS SO:
PUREISUTEESHON (PURESUTE)
NYUUSU
JUUSU
SEETAA
SHANPUU
ONRAIN
UND DANN WERDEN SACHEN, DIE ZU LANG SIND, ABGEKÜRZT...
PERSONAL-COMPUTER
TELEVISION (FERNSEHEN)
AIRCONDITION (KLIMAANLAGE)
SUPERMARKT
UND SO HEISST ES AUF JAPANISCH:
PASONARU KONPYUUTA: PASOKON
EAAKONDISHON: EAKON
TEREBISHON: TEREBI
SUUPAA MAAKETTO: SUUPAA
ALEXANDER?
NILS
SABRINA
JULIAN
NADINE
MICHAEL
SONJA
PASCAL
AREKUSANDAA!
NIRUSU
SABURINA
JURIAN
NADIIN
MIHAERU
SONIYA ODER SONIA
PASKARU
DU HEISST IMMER NOCH NILS – ABER GESCHRIEBEN WIRD ES NIRUSU.
アレクサンダー.
ニルス
ザブリナ
ジュリアン
ナディーン
ミハイル ODER ミヒャエル
ソニヤ ODER ソニア
パスカル
MOMENT... WENN ÜBERALL EIN VOKAL REINGEQUETSCHT WIRD, KLINGT MEIN NAME DANN NICHT ANDERS? WIE HEISSE ICH DENN JETZT?

SCHNÜRSENKELFRAGEN: WIE ZIEHE ICH MEINE SCHUHE RICHTIG AN?

IN JAPAN ZIEHT MAN OFT UND GERN DIE SCHUHE AUS: VOR DEN MEISTEN TEMPELN, MUSEEN, UMKLEIDEKABINEN, IN EINIGEN RESTAURANTS UND IN MANCHEN SCHULEN IST ES EBENFALLS ÜBLICH. WENN MAN JEMANDEN ZU HAUSE BESUCHT, MÜSSEN DIE SCHUHE SOWIESO RUNTER. DA IST ES NATÜRLICH NICHT NUR WICHTIG, TROCKENE UND DUFTIGE SOCKEN ZU HABEN, SONDERN AUCH, WIE SCHNELL MAN AUS DEN SCHUHEN REIN- UND RAUSKOMMT. PERFEKTE SCHUHE DAFÜR WÄREN SLIPPER, SANDALEN, SCHUHE MIT KLETTVERSCHLÜSSEN ODER STIEFEL MIT ZIPPER. SNEAKER MIT IHREN ELENDEN SCHNÜRSENKELN SIND DA NICHT UNBEDINGT PRAKTISCH, ABER UNGLAUBLICH COOL. WENN IHR SIE »AUF JAPANISCH« TRAGEN WOLLT, DANN MACHT IHR DAS AM BESTEN SO: DIE FERSE DES SCHUHS MIT WASSER ODER SPEZIELLEM DEHNUNGSSPRAY SO LANGE WEITEN, DASS IHR PROBLEMLOS REIN- UND RAUSSCHLÜPFEN KÖNNT. NICHT ÜBERTREIBEN, SONST SCHLIBBERT EUCH DER SCHUH IRGENDWANN AUF DER STRASSE WEG, DAS KANN SEHR UNANGENEHM WERDEN. DIE SCHNÜRSENKEL WERDEN NICHT FEST GESCHNÜRT, SONDERN NUR ANGETÄUSCHT. DIE WAHRE KUNST BESTEHT DARIN, DEN SCHUH FEST GENUG ZU TRAGEN, DASS MAN DAMIT GUT LAUFEN KANN, UND LOCKER GENUG, DASS MAN SCHNELL WIEDER RAUSKOMMT. IN DER ANFANGSPHASE FÜHRT DAS ZU EINEM ETWAS HOPPELNDEN, SCHWINGENDEN GANG, ABER MIT ETWAS ÜBUNG IST EIN LÄSSIGER GANG INKLUSIVE LOCKEREM AUS-DEN-SCHUHEN-SCHLÜPFEN DURCHAUS DRIN.

VOKABELLISTE

エアコン EAKON AIRKONDITION (KLIMAANLAGE)	プレイステーション (プレイステ) (PUREISUTE) PUREISUTEESHON PLAYSTATION
パソコン PASOKON PERSONAL COMPUTER	ニュース NYUUSU NEWS
オンライン ONRAIN ONLINE	ジュース JUUSU SAFT (JUICE)
テレビ TEREBI TELEVISION (FERNSEHEN)	セーター SEETAA SWEATER
スーパー SUUPAA SUPERMARKT	シャンプー SHANPUU SHAMPOO

Feiertag des Monats ...

Am 14. Oktober1872 fuhr der erste Zug von Shinbashi (Tokyo) nach Yokohama. Eine Strecke, die man damals zu Fuß in etwa sieben Stunden bewältigen konnte, brachte man jetzt in einer Stunde hinter sich. Von diesem enormen technischen Fortschritt war der Meiji Tenno so begeistert, dass er befahl, das ganze Land mit einem gut ausgebauten Eisenbahnschienennetz zu überziehen. Und den 14. Oktober machte er auch prompt zum »tetsudokinenbi« – »Eisenbahngedenktag«. Damals sorgten Waggons noch für große Missverständnisse: Denn ordentliche Japaner ziehen die Schuhe aus, wenn sie ein Gebäude betreten. Daran, dass dieses Gebäude sich bewegt, dachte niemand, und so waren Entsetzen und Ärger groß, als man selbst in Yokohama war, die Schuhe aber immer noch am Bahnsteig in Shinbashi...

Heute zieht man die Schuhe auf dem Bahnsteig nicht mehr aus. Meistens jedenfalls. Die Strecke von Shinbashi nach Yokohama schafft man heute in 22 Minuten, allerdings für ein Vielfaches des Preises von 1872: Hatte es damals 1,50 Yen gekostet, so kostet es heute 450 Yen (etwa 3 Euro). Der Shinkansen rast heute in atemberaubender Geschwindigkeit von einem Ende Japans zum anderen. In japanischen Zügen ist übrigens einiges anders: Es gibt Waggons für reservierte und nichtreservierte Plätze. Da die

Wie male ich richtig Katakana?

KATAKANA		... UND SO MALT MAN	KATAKANA		... UND SO MALT MAN
ne	ネ	丶 ラ ネ ネ	a	ア	フ ア
no	ノ	ノ	i	イ	ノ イ
ha	ハ	ノ ハ	u	ウ	' '' ウ
hi	ヒ	一 ヒ	e	エ	一 丅 エ
fu	フ	フ	o	オ	一 ナ オ
he	ヘ	ヘ	ka	カ	フ カ
ho	ホ	一 十 オ ホ	ki	キ	一 二 キ
ma	マ	フ マ	ku	ク	ノ ク
mi	ミ	丶 ミ ミ	ke	ケ	ノ 𠂉 ケ
mu	ム	ム ム	ko	コ	㇆ コ
me	メ	ノ メ	sa	サ	一 十 サ
mo	モ	一 二 モ	shi	シ	丶 丶 シ
ya	ヤ	フ ヤ	su	ス	フ ス
yu	ユ	㇆ ユ	se	セ	フ セ
yo	ヨ	㇆ ヨ ヨ	so	ソ	丶 ソ
ra	ラ	一 ラ	ta	タ	ノ ク タ
ri	リ	丨 リ	chi	チ	一 二 チ
ru	ル	ノ ル	tsu	ツ	丶 丶 ツ
re	レ	レ	te	テ	一 二 テ
ro	ロ	丨 冂 ロ	to	ト	丨 ト
wa	ワ	丨 ワ	na	ナ	一 ナ
wo	ヲ	一 二 ヲ	ni	ニ	一 二
n	ン	丶 ン	nu	ヌ	フ ヌ

14. Oktober
Tag der Eisenbahn

Züge immer punktgenau halten, kann man sich schon auf dem Bahnsteig in die richtige Position bringen und seinen reservierten Platz im Zug finden. Reisende mit kleinem Gepäck sind übrigens besser dran: Große Koffer kann man im Shinkansen nur schwer unterbringen. Wer Hunger hat, sollte nicht auf einen Restaurantwagen hoffen, sondern sich lieber ein obento (Lunchbox) auf dem Bahnsteig kaufen. Wenn ihr vorhabt, länger in Japan zu bleiben und mit dem Zug durchs Land zu fahren, dann macht ihr das am besten mit dem Japan-Railpass, damit kommt ihr vergleichsweise günstig überallhin.

Japanisch sprechen...
... ohne Worte

Lektion 3

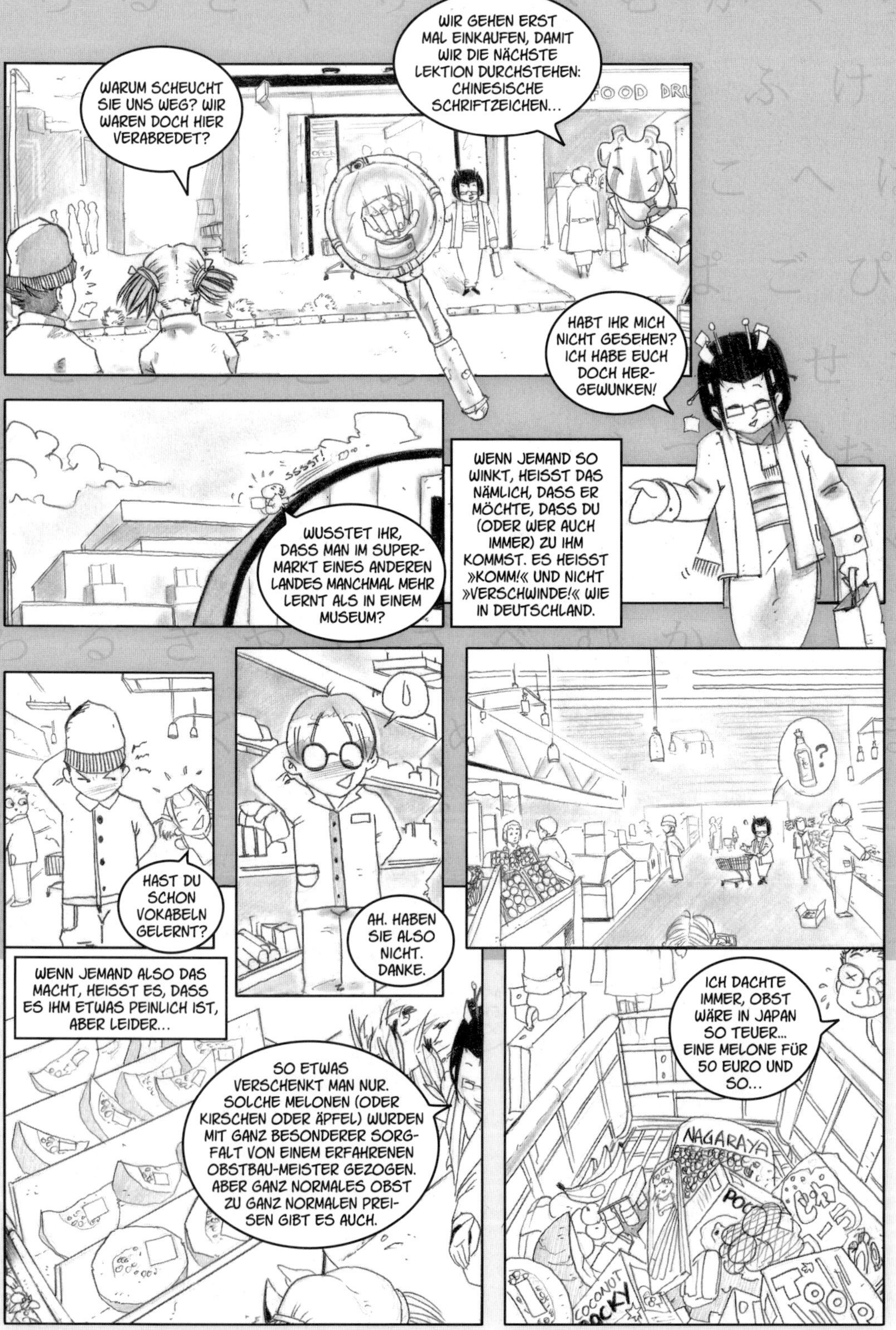

3

IN DER ERSTEN LEKTION HABEN WIR JA MAL KURZ DARÜBER GESPROCHEN: CHINESISCHE SCHRIFTZEICHEN, KANJI.
SO, HEUTE SIND DIE CHINESISCHEN SCHRIFTZEICHEN DRAN...
ABER SIND DAS NICHT IRRE VIELE? 1900 ODER SO?
1945 SOLLTE MAN MINDESTENS KENNEN. ETWA 3000 BIS 5000 SIND ES FÜR EINE GUTE ALLGEMEINBILDUNG. UND NATÜRLICH GIBT ES NOCH VIEL, VIEL MEHR...
DAS IST EIGENTLICH GANZ PRAKTISCH, DENN WENN MAN KANJI KENNT, KANN MAN DEN SATZINHALT SO BLITZSCHNELL ERFASSEN.
DIE MEISTEN VERBEN, SUBSTANTIVE UND ADJEKTIVE WERDEN MIT KANJI GESCHRIEBEN.
ABER WIE SOLL MAN DAS JEMALS LERNEN KÖNNEN?
KANJI – DIE PERFEKTE SCHRIFT.
ABER WIE LERNT MAN SO WAS?
MIT DEM HERZEN, HIGHLANDER! MIT DEM GLAUBEN. UND LETZTENDLICH MIT DEM KOPF.
WIE SOLL MAN DAS KANJIMONSTER BESIEGEN?

Einzelne **Striche**

KANJI ZERTEILEN SICH IN EINE MENGE EINZELNER STRICHE – DIE SOLLTET IHR IMMER DURCHZÄHLEN.

STELLT EUCH DABEI VOR, DAS KANJI MIT EINEM PINSEL ZU MALEN, UND MALT DEN STRICH VON OBEN UM DIE ECKE NACH RECHTS UNTEN DURCH. DANN IST ES LEICHTER NACHZUVOLLZIEHEN, DASS DAS NUR FÜNF (UND NICHT SECHS) STRICHE SIND.

WAS KANJI SO KOMPLIZIERT MACHT, IST FOLGENDES: EIN SCHRIFTZEICHEN HAT MEHRERE LESUNGEN. MINDESTENS EINE ON-LESUNG UND MINDESTENS EINE KUN-LESUNG. DIE ON-LESUNG (ODER ON YOMI) NENNT MAN AUCH DIE SINO-JAPANISCHE LESUNG. MAN BENUTZT SIE, WENN DAS KANJI MIT MEHREREN ANDEREN KANJI ZUSAMMEN BENUTZT WIRD. WENN MAN DAS KANJI ALLEIN BENUTZT, NIMMT MAN MEISTENS DIE REIN JAPANISCHE LESUNG (KUN YOMI). UM BEIDE VONEINANDER ZU UNTERSCHEIDEN, STEHT IM LEXIKON DIE ON YOMI IN KATAKANA UND DIE KUN YOMI IN HIRAGANA.

RADIKALE KÖNNEN ÜBERALL SEIN:

LINKS: 漢

ODER RECHTS: 剣

OBEN: 花

ODER UNTEN: 望

MANCHMAL IST AUCH DAS GANZE SCHRIFTZEICHEN EIN RADIKAL: 木

WENN IHR DAS RADIKAL GEFUNDEN HABT, ZÄHLT IHR DIE RESTLICHEN STRICHE DES KANJIS DURCH UND FINDET ES DANN GANZ SCHNELL IM LEXIKON.

RADIKALE SIND TEILE VON SCHRIFTZEICHEN, DIE SEHR OFT VORKOMMEN. SO EINE ART KLEINSTER GEMEINSAMER NENNER.

DESWEGEN SIND ALLE SCHRIFTZEICHEN-LEXIKA NACH RADIKALEN SORTIERT, DIE WIEDERRUM NACH STRICHZAHL SORTIERT SIND.

UM JAPANISCH ZU LERNEN, MÜSST IHR ALSO GUT ZÄHLEN KÖNNEN.

Kanji lernen macht manchmal so viel Spaß, wie sich ein besonders dickes Lexikon mit Schwung auf den Kopf zu schlagen. Aber ohne Kanji zu lernen geht es eben nicht. Besonders bewährt hat sich die »Karteikarten-Methode«: Auf eine Seite schreibt ihr das Schriftzeichen, auf die andere Seite kommen Bedeutung und Lesung. Das mischt ihr dann gut durch und sortiert das Ganze nach Häufchen »Weiß ich« und »Keine Ahnung« durch. Ebenfalls hilfreich ist es, die Schriftzeichen oft zu schreiben.
Denn was man schreiben kann, kann man auch lesen!

VOKABELLISTE – KANJI 1

CHINA カン, はん	漢
SCHRIFTZEICHEN ジ, あざ, あさな	字
AUGE モク, ボク, め	目
NASE ビ, はな	鼻
MUND コウ, ク, くち	口
OHR ジ, みみ	耳
VOGEL チョウ, とり	鳥
FISCH ギョ, さかな	魚
BERG サン, セン, やま	山
BAUM ボク, モク, き, こう	木
BLUME カケ, はな	花
MENSCH ジン, ニン, ひと	人
SCHWERT ケン, つるぎ	剣
WÜNSCHEN, HOFFEN, SEHNEN, ERWARTEN ボウ, モウ, のぞむ, もち	望

Wie man auf Japanisch Körpersprache spricht

Wie ihr am Anfang dieses Kapitels gelernt habt, ist Körpersprache nur bedingt international und kann zu großer Verwirrung führen. Oma winkt Nils und Sonya zu sich, aber die sehen nur, dass ihre reizende Lehrerin sie aus irgendeinem Grund wegscheuchen will – das heißt diese Geste schließlich »auf Deutsch«. Gerade aus Manga könnt ihr viel über Körpersprache auf Japanisch lernen, wenn ihr genau hinschaut. Dass Wegwedeln »Herkommen« bedeutet und sich am Hinterkopf schubbern heißt, dass man von etwas keine Ahnung hat, wisst ihr jetzt schon. Aber was heißt es, wenn jemand mit dem Zeigefinger auf seine Nase stupst? Dann sagt er »Ich« – wir würden uns da leicht aufs Brustbein tippen.

Auf dem Schulhof mitreden...

Blufft euch durch!

4

あれ？
ARE?
HÄ?
ええええ
えええええ!
EEEEEE!
OOOOOH!
AH!
ほんとう？
HONTOU?
ECHT?
すごい！
SUGOI!
WIE COOL!
うそ!
USO!
NICHT WAHR!
おいしい！
OISHII!
LECKER!
いいですね。
II DES(U) NE.
DAS IST GUT.

うーん
UNN
HMM
ええと…
EETO
NUN… JA…
MIT DIESEN VOKABELN KÖNNT IHR EUCH EIN BISSCHEN DURCHBLUFFEN, BIS IHR ETWAS MEHR JAPANISCH KÖNNT. ABER VERGESST TROTZDEM NICHT, NOCH MAL HIRAGANA UND KATAKANA ZU WIEDERHOLEN…
EINER HAT DA GELOGEN…
うそ！
USO!
SAG BLOSS!

Dinge, von denen man… … nicht wusste, dass man sie braucht: socks glue

Die klassische Schulmädchenuniform wäre ohne die weißen, langen Kniestrümpfe undenkbar – und die Strümpfe wären ohne **socks glue** (Sockenkleber) unhaltbar. Die etwa 70 bis 120 cm langen Strümpfe halten nur dank dem Klebestick am Bein, übrigens auch beim Sport. Da der Kleber wasserlöslich ist, kann man ihn einfach abduschen. **Socks glue** oder »**kutsushita tome**« (wörtlich: Sockenstopper) gibt es mit Hamtaro, Pooh dem Bär und tausend anderen niedlichen Motiven für etwa 300 Yen.

Dabei sind die typischen Schlabberstrümpfe laut Schulordnung in den meisten Schulen gar nicht offiziell erlaubt. Trotzdem sind Socken samt Kleber seit etwa Mitte der 90er-Jahre ungebremst erfolgreich und das große Begehren aller Mädchen, die endlich auf die High School kommen. Falls eine Schule eine Uniform hat, dann sieht diese übrigens gar nicht so schick aus wie bei den Mädchen in den Manga: Über das Knie muss der Faltenrock fallen, weiße Bluse und Blazer gehören dazu und die Kniestrümpfe sollten schwarz oder dunkelblau sein – und schon gar nicht schlabbrig…

VOKABELLISTE – LEKTION 4

そうですか？ SOU DES(U) KA IST DAS SO?	おいしい OISHII LECKER
そうですね。 SOU DES(U) NE SO IST DAS.	うーん UNN HMM
そうですよ！ SOU DES(U) YO UND OB DAS SO IST!	いいですね II DES(U) NE DAS IST GUT.
ほんとう HONTOU WIRKLICH, SEHR, IN DER TAT, ECHT, WAHR	ええと EETO NUN… JA, ENTSPRICHT DEM ENGLISCHEN »WELL«
ええええええええ EEEEEEEE OOOOOOH (DER TON STEIGT ZUM ENDE LEICHT FRAGEND AN)	すごい SUGOI SCHRECKLICH, GROSSARTIG, WUNDERVOLL
あれ? ARE HÄ?	メリークリスマス MERII KURISUMASU FROHE WEIHNACHTEN!
うそ USO LÜGE UMGANGSSPRACHLICH: NEIN! WIRKLICH! NICHT WAHR! SO WAS! SAG BLOSS!	

Inemuri – Erste Sätze...
... fast im Schlaf

5

あのかたはソニヤさんです。
ANO KATA HA SONYA-SAN DESU.
SIE IST SONYA.
あのかたはニルスさんです。
ANO KATA HA NIRUSU-SAN DESU.
ER IST NILS.
なかやませんせい
あのかたは中山先生です。
ANO KATA HA NAKAYAMA SENSEI DESU.
SIE IST LEHRERIN FRAU NAKAYAMA.
いねむ
あのかたは居眠りさんです。
ANO KATA HA INEMURI-SAN DESU.
ER IST HERR SCHLAFMÜTZE.
これはドアです。
KORE HA DOA DESU.
DAS IST EINE TÜR.
がっこう
あれは学校です。
ARE HA GAKKOU DESU.
DAS IST EINE SCHULE.
これはバッグです。
KORE HA BAGGU DESU.
DAS IST EINE TASCHE.
めがね
これは眼鏡です。
KORE HA MEGANE DESU.
DAS IST EINE BRILLE.
き
あれは木です。
ARE HA KI DESU.
DAS IST EIN BAUM.

DAS SCHEMA IST: A IST B. ALSO: A は Bです。
AはBです
DAS SIND ALSO EURE ERSTEN SÄTZE...
わたし がくせい 私は学生です。 WATASHI HA GAKUSEI DESU. ICH BIN SCHÜLER.
わたし がくせい 私は学生です。 WATASHI HA GAKUSEI DESU. ICH BIN SCHÜLERIN.
AUSSERDEM WIRD ALLES ZUSAMMENGE-SCHRIEBEN. ALSOUNGEFÄHRSO. DENKT AUCH DARAN, DASS »U« VON »DESU« ZU VERSCHLUCKEN UND DAS »HA« WIE »WA« AUSZUSPRECHEN.
DAS »HA« WIRD HIER ALS »WA« AUSGESPROCHEN, WEIL MAN ES HIER ALS »PARTIKEL« VERWENDET. PARTIKEL SIND KLEINE SATZBAUSTEINE, DIE KLARMACHEN, WORUM ES SICH BEI DEM DAVORSTEHENDEN WORT HANDELT: SUBJEKT? OBJEKT? ORT? MACHT MAN ETWAS DAMIT? DAVON GIBT ES EINE GANZE MENGE – UND DAS ERSTE, DAS IHR LERNT, IST »HA«. は ZEIGT DAS SUBJEKT AN, DAS, WORUM ES IN DIESEM SATZ GEHT.
どくしゃ あなたは読者です。 ANATA HA DOKUSHA DESU. DU BIST DER LESER.

VOKABELLISTE – LEKTION 5

あなた SIE, DU	あのかた ER, SIE, ES	ドア TÜR

どくしゃ LESER	読者
ドク、トク、トウ よむ LESEN	読 亠 亠 亠 言 言 訁 計 詁 詰 詩 読 読
シャ、もの PERSON	者 一 十 土 耂 耂 者 者 者
わたし ICH	私 ˉ ＝ 千 禾 禾 私 私
がくせい SCHÜLER	学生
せんせい LEHRER	先生
セン、さき VORHER, DAVOR	先 ノ 𠂉 ⺧ 生 先 先
セイ、ショウ いきる、なま LEBEN	生 ノ 𠂉 牛 牛 生
がっこう SCHULE	学校
ガク、まなぶ LERNEN, WISSENSCHAFT	学 丶 丷 ⺌ ⺍ 𭕄 学 学 学
コウ、キョウ SCHULE, KORREKTUR	校 一 十 才 木 木 杧 校 校 校
なかやま NAKAYAMA (NAME)	中山
チュウ なか、うち、あた(る) INNEN, MITTE, ZENTRUM	中 丨 冂 口 中
めがね BRILLE	眼鏡
ガン、ゲン まなこ、め AUGAPFEL	眼 丨 冂 冃 月 目 目 目 目 眼 眼 眼
キョウ、ケイ かがみ SPIEGEL	鏡 ノ 𠆢 亼 仝 全 牟 金 金 金 鈩 鈩 鈩 鈩 鈩 鈩 鏡 鏡 鏡 鏡 鏡
いねむり NICKERCHEN	居眠り
きょ、こ、いる SEIN, EXISTIEREN	居 ㄱ コ 尸 尸 尸 居 居 居
眠り ミン、ねむる SCHLAF	眠 丨 冂 冃 月 目 目 目 眠 眠 眠

Kleine Polster gegen Frost

In Japan wird es zwar mancherorts im Winter sehr kalt, trotzdem konnte sich die Heizung nie so richtig durchsetzen. Mit Ausnahme von Hokkaido, das ja nahe bei Russland liegt und wo es wirklich, wirklich sehr kalt wird. Alle Japaner, die außerhalb der nördlichsten Insel wohnen, müssen sich also etwas anderes einfallen lassen, um im Winter nicht zu sehr zu frieren. Einer dieser Einfälle ist »Kairo«, kleine viereckige Päckchen, die mit einer Chemikalie gefüllt sind, die durch Schütteln oder aus der Verpackungziehen aktiviert werden. Diese kleinen Päckchen kann man in die Taschen stecken, um sich warm zu halten. Die kleinen Kairo halten etwa 20 Stunden warm und sind deswegen auch beim Campen oder bei der Gartenarbeit ganz toll – und natürlich halten sie einen auch den ganzen Tag in der Schule und zu Hause warm. Meistens werden die Päckchen in Hosentaschen getragen, nur ganz Abenteuerlustige stecken sich die Dinger in die Stiefel – das kann aber ganz schön heiß werden.

»SEIN« oder »SEIN« – Spaß im No-Theater

*MEHR ÜBER »NI« GIBT'S IN LEKTION 14.

6
まつのき ぶたい
松ノ木は舞台にあります。
MATSUNOKI HA BUTAI NI ARIMASU.
AUF DER BÜHNE SIND KIEFERN (= NADELBÄUME).
たゆう ぶたい
太夫は舞台にいます。
TAYUU HA BUTAI NI IMASU.
EIN NO-SCHAUSPIELER IST AUF DER BÜHNE.
かんきゃく
観客はここにいます。
KANKYAKU HA KOKO NI IMASU.
HIER SIND DIE ZUSCHAUER.
...ZZZZZZZZ!
たいこ ぶたい
太鼓は舞台にあります。
TAIKO HA BUTAI NI ARIMASU.
AUF DER BÜHNE SIND TROMMELN.
NA, DAS GING DOCH...
UND WEIL NILS SO GUT AUFGEPASST HAT, SCHREIBT ER BIS MORGEN EINEN AUFSATZ ÜBER NO...
ちゅうけい ぶたい
中啓は舞台にあります。
CHUUKEI HA BUTAI NI ARIMASU.
AUF DER BÜHNE IST EIN FÄCHER.

VOKABELLISTE – LEKTION 6

KANJI	SO WIRD ES GESCHRIEBEN	LESUNGEN	BEDEUTUNG
能	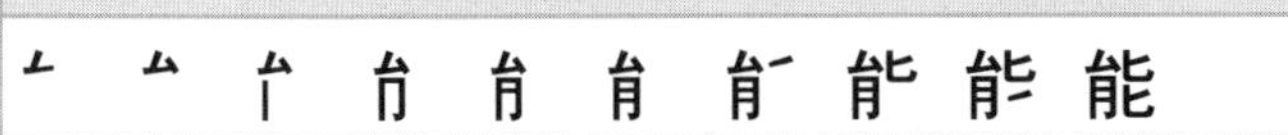	ノウ よ(く)	FÄHIGKEIT, TALENT; NO-THEATER
楽		ガク, ラク, ゴウ, たの(しい)	MUSIK; FRÖHLICH, SICH ERFREUEN AN
堂	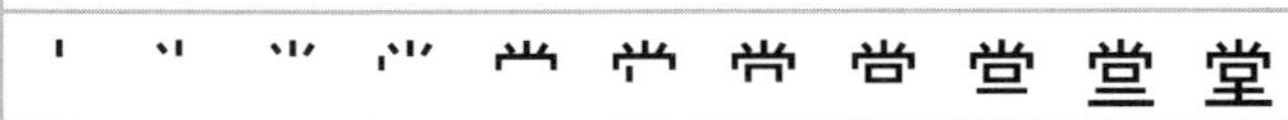	ドウ	HALLE
舞	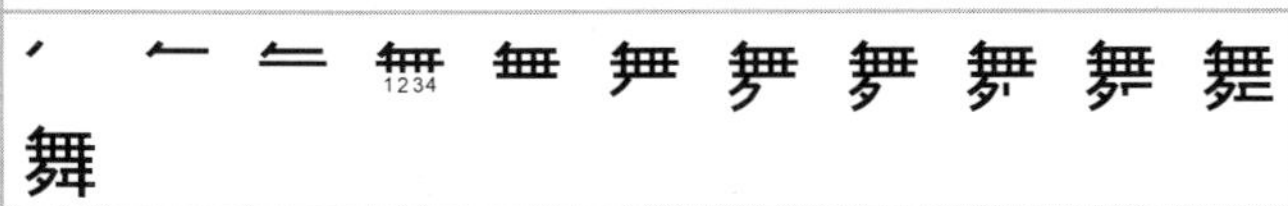	ブ ま(う)	TANZEN
台		ダイ,タイ, うてな	PODIUM, PODEST
観	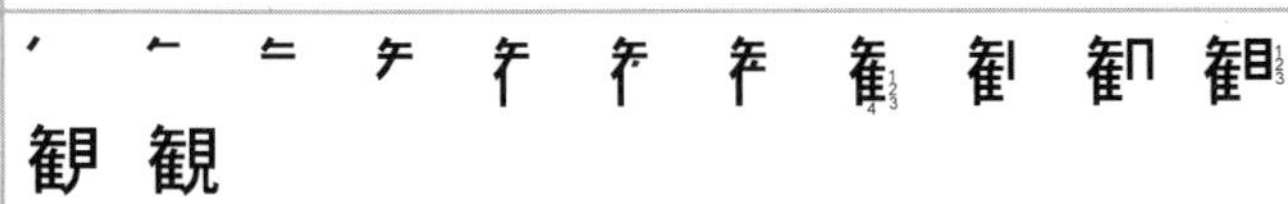	カン み(る) しめ(す)	AUSSEHEN, ERSCHEINUNG, BLICK
客		キャク カク	BESUCHER, KUNDE
松	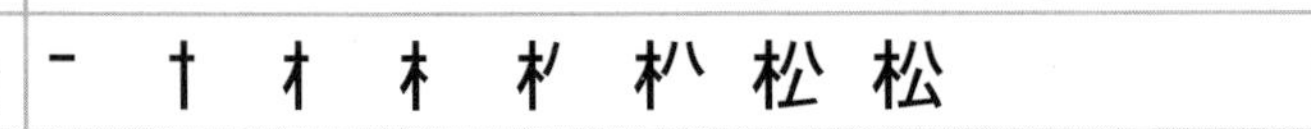	ショウ まつ	KIEFER (BAUM)
太		ダイタイ おお— おお(きい) —おお(いに)	GROSS
鼓	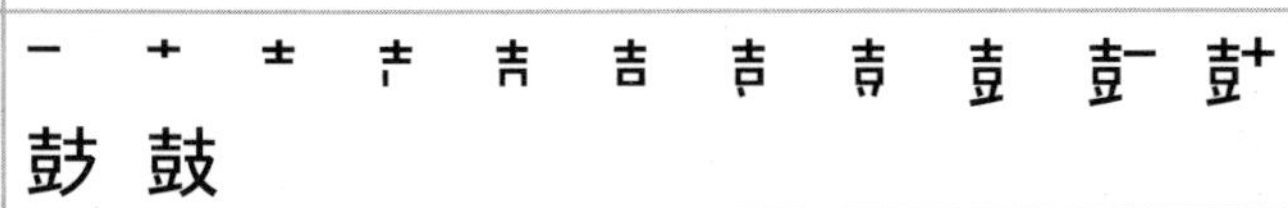	コ つづみ	TROMMEL
啓		ケイ, ひら(く) さと(す)	SAGEN, ENT- HÜLLEN, ÖFFNEN

能楽堂	のうがくどう	NO-THEATER
私たち	わたしたち	WIR
いる /います		SEIN (LEBENDIG)
ある /あります		SEIN (UNBELEBT)
舞台	ぶたい	BÜHNE
観客	かんきゃく	PUBLIKUM
松ノ木	まつのき	KIEFER (BAUM)
大鼓	たいこ	(GROSSE) TROMMEL
中啓	ちゅうけい	FÄCHER
に		IN, AUF

No ist schon sehr alt. Angefangen hat das in der Muromachi-Periode (1333 - 1573), viele Shogune haben auch selbst No gespielt, wenn sie nicht gerade Krieg führten. Die Musik beim No ist sehr ~~erschreckend~~ ungewöhnlich, Trommeln und Flöten und Gesang. Die Musiker sitzen mit auf der Bühne. Die Kostüme und Masken sind aber ganz toll, aber die Schauspieler können sich nur ganz langsam darin bewegen.
Heute gibt es etwa noch 2000 No-Schauspieler in Japan...

WIRD SONYA NILS BEI SEINEM VERMURKSTEN AUFSATZ HELFEN? ODER SCHICKT SIE IHN HÄMISCH GRINSEND INS GEFECHT MIT OMA NAKAYAMA-SENSEI?

Feiertag des Monats...

3. Februar 2007: Setsubun no Hi

»Setsubun«, der 3. Februar, war nach dem alten Mondkalender eigentlich Neujahr, doch auch lange nach Einführung des gregorianischen Kalenders werden die alten Bräuche gepflegt. Wenn man Setsubun zu Hause feiert, verkleidet sich der Vater als Oni (Kobold-Teufel) und alle werfen mit Bohnen nach ihm, dazu schreit die ganze Familie »fuku ha uchi, oni ha soto!« – also »Glück rein, Teufel raus«. Dieser Brauch soll übrigens auf eine No-Komödie (Kyougen) zurückgehen, in der eine Witwe einen Teufel mit Bohnen aus dem Haus jagte.
In vielen Tempeln wird auch Setsubun gefeiert, hier verkleiden sich dann Novizen als Teufel und werden beworfen. Danach werden »Fuku mame« (Glücksbohnen) von Sumo-Ringern oder anderen Prominenten ins Publikum geworfen. Wichtig dabei ist, dass die Werfer »Toshi Otoko« (Jahres-Männer) sind. In 2007 (dem Jahr des Schweins) sind also alle gefragt, die in einem Jahr des Schweins geboren wurden. Die Bohnen muss man nicht nur fangen, sondern auch genauso viele davon essen, wie man alt ist – geschmacklich kein großes Abenteuer, aber wenn's Glück bringt...

JAPANISCHE EMOTICONS

BEIM LESEN DER STANDARD-EMOTICONS MUSS MAN IMMER NOCH DEN KOPF UM 90° KIPPEN – JAPANISCHE EMOTICONS SIND OHNE NACKENPROBLEME ZU LESEN. DIE SMILIES, DIE SICH AUS ALLEM, WAS DIE TASTATUR SO HERGIBT, ZUSAMMENSETZEN, SIND FAST EINE »NEUERFINDUNG« DER CHINESISCHEN SCHRIFTZEICHEN. ABER SO ÄHNLICH MÜSSEN DIE CHINESISCHEN SCHRIFTZEICHEN MAL ANGEFANGEN HABEN, BEVOR SIE IMMER ABSTRAKTER WURDEN. DAS BESTE DARAN IST, DASS IHR HIER SELBER KREATIV WERDEN KÖNNT – NEUE KANJI WERDEN SCHLIESSLICH SEIT DEN 50ERJAHREN NICHT MEHR »GEMACHT«.

(^ ^)	LÄCHELN
(T_T)	WEINEN
(._.?)	VERSTEH ICH NICHT
M (_ _) M	TIEFE VERBEUGUNG
((=^_^=))	DORAEMON!
()_()()_()	STARKES VERNEINEN
V(^ ^)V	DAS PEACE-ZEICHEN
(^_^)/	BYE BYE!

Eins, zwei, drei, viele – Graf Zahl
und seine japanischen Freunde

7

二人
ふたり
FUTARI
ZWEI MENSCHEN
一人
ひとり
HITORI
EIN MENSCH
りんご三個
りんごさんこ
RINGO SANKO
DREI ÄPFEL
筆四本
ふでよんほん
FUDE YONHON
VIER PINSEL
ALS WÄREN DIE ZWEI VERSCHIEDENEN LESARTEN NICHT SCHON SCHLIMM GENUG, WIRD ES JETZT NOCH ETWAS KOMPLIZIERTER: WENN IHR BESTIMMTE DINGE ZÄHLT (SCHEIBEN, TASSEN, BLÄTTER), DANN BRAUCHT IHR DAZU EIN ZÄHLWORT. WIE DIE ZAHL DAVOR GELESEN WIRD, IST MEIST NICHT LOGISCH ZU ERKLÄREN. ES HILFT ALSO NUR EINS: LASST EUREN INNEREN GRAF ZAHL FREI UND ÜBT! ZÄHLEN! ÜBEN! HAHAHAHAHA! DIE DURCHMOGEL-VERSION: EINFACH AUF DIE DINGE ZEIGEN, DIE IHR WOLLT, UND IN KUN-YOMI ANSAGEN, WIE VIEL IHR DAVON WOLLT. DAS IST ZWAR NICHT SCHÖN, GEHT ABER AUCH.
茶わん七杯
ちゃわんななはい
CHAWAN NANAHAI
SIEBEN TEETASSEN
本六冊
ほんろくさつ
HON ROKUSATSU
SECHS BÜCHER
鳥五羽
とりごわ
TORI GOWA
FÜNF VÖGEL
漢字カード十枚
かんじかーどじゅうまい
KANJIKAADO JUUMAI
ZEHN KANJI-KARTEN
三 六 二 八 人
五 七 本 九 十
お菓子九個
おかしきゅうこ
OKASHI KYUUKO
NEUN SÜSSIGKEITEN
ドーナツ八個
どーなつはっこ
DONATSU HAKKO
ACHT DONUTS

VOKABELLISTE – LEKTION 7

KANJI	SO WIRD ES GESCHRIEBEN	LESUNGEN	BEDEUTUNG
一	一	いち ひとつ	EINS
二	一 二	に ふたつ	ZWEI
三	一 二 三	さん みっつ	DREI
四	丨 冂 冂 四 四	し、よん よっつ	VIER
五	一 丆 五 五	ご いつつ	FÜNF
六	丶 亠 亣 六	ろく むっつ	SECHS
七	一 七	しち、なな、 ななつ	SIEBEN
八	ノ 八	はち やっつ	ACHT
九	ノ 九	きゅう ここのつ	NEUN
十	一 十	じゅう とお	ZEHN
人	ノ 人	ひと, -り	ZÄHLWORT FÜR PERSONEN
筆	ノ 𠂉 𠂉 ⺮ ⺮ ⺮ 笁 笁 笁 笔 笔 筆	ふで	PINSEL
茶わん 茶	一 十 艹 艾 苁 苁 苓 茶 茶	ちゃわん ちゃ	TEESCHALE, (OHNE »WAN«): GRÜNER TEE
本	一 十 才 木 本	ほん、ぽん、ぼん	BÜCHER, ZÄHLER FÜR ROLLEN-DINGE WIE ZIGARETTEN, RÖHREN, PINSEL
りんご			APFEL
杯	一 十 才 木 杠 杯 杯 杯	はい、ぱい、ばい	ZÄHLER FÜR TASSEN UND GLÄSER
ドナーツ			DONUTS
個	ノ 亻 亻 们 们 们 倜 倜 個 個	こ	ZÄHLER FÜR KLEINE DINGE
枚	一 十 才 木 朻 朾 枚 枚	まい	ZÄHLER FÜR BLÄTTER UND PAPIERBÖGEN

MATSURI

»MATSURI« HEISST »FEST«, DAS GEHT VOM KLEINEN HINAMATSURI ZU HAUSE BIS HIN ZUM GROSSEN VOLKSFEST AN SCHREINEN UND TEMPELN. ZU BEGINN WIRD MEIST EIN SCHREIN VON VIELEN MÄNNERN DURCH DIE GEGEND GETRAGEN, DAS BRINGT DEN TRÄGERN GLÜCK.
VIELE MATSURI FINDEN IM SOMMER STATT UND SIND EIN GANZ GROSSER SPASS. VIELE ZIEHEN DAZU EINEN YUKATA (SOMMERKIMONO) AN UND BUMMELN AN DEN ZAHLLOSEN STÄNDEN MIT ESSEN UND TRADITIONELLEM (UND NICHT SO TRADITIONELLEM) SPIELZEUG VORBEI. IMMER BELIEBT SIND SPIELE WIE GOLDFISCHE MIT EINEM KLEINEN KÄSCHER AUS EINER WANNE FISCHEN UND DINGE WIE DOSENWERFEN, DIE ES BEI UNS AUCH GIBT. ZU ESSEN GIBT ES NEBEN VIELEN ANDEREN DINGEN TAKOYAKI, KLEINE TEIGBÄLLCHEN, IN DENEN SICH EIN STÜCK TINTENFISCH VERSTECKT. DAS FINDET MAN ENTWEDER SEHR LECKER ODER SEHR GEMEIN.

Feiertag des Monats – 3. März: Hinamatsuri

Das Puppenfest (Hinamatsuri) am 3. März ist der »Tag der Mädchen« und kein staatlicher Feiertag, im Gegensatz zum 5. Mai, dem »Tag der Jungen«. Der heißt heute diplomatisch »Tag der Kinder«. Zum Hinamatsuri wird eine Art Schrein in der Wohnung aufgestellt, in dem Puppen in bestimmter Reihenfolge platziert werden: auf der obersten Empore Kaiser und Kaiserin. Eine Stufe tiefer drei Hofdamen, die Sake reichen. Darunter fünf Hofmusikanten. Danach zwei Minister und darunter ein Pfirsichblütenbaum und ein Mandarinenbaum oder Kirschbaum. Diese Figuren sind oft Erbstücke und sehr kostbar, deswegen beschränken sich viele Haushalte auf die Miniversion: Kaiser und Kaiserin. Bei diesem Fest gibt es auch etwas Besonderes zu essen: Chirashi Sushi (roher Fisch auf Reis in einer Schale) Sakura Mochi (in ein Kirschblatt eingewickelter Reiskuchen) und süßen Sake (Reiswein).

Wir kochen uns ein Süppchen
... und fragen mal was

8

ソニヤはどこにいますか？
SONIYA HA DOKO NI IMASU KA?
WO IST SONYA?
ソニヤはここにます。
SONIYA HA KOKONI IMASU.
SONYA IST HIER.
ソニヤはいますか？
SONIYA HA IMASU KA?
IST SONYA DA?
KLOPF KLOPF
ソニヤはいます。
SONIYA HA IMASU.
SONYA IST DA.
どなたですか？
DONATA DESU KA?
WER IST DA?
塩はありますか？
SHIO HA ARIMASU KA?
HABEN WIR SALZ?
はい、塩はあります。
HAI, SHIO HA ARIMASU.
JA, WIR HABEN SALZ.
うまい！
UMAI!
LECKER!
おいしい！
OISHII!
LECKER!
GEMERKT? DER BASIS-SATZBAU ÄNDERT SICH BEI EINER FRAGE NICHT. DAS FRAGEWORT WIRD AN STELLE DES GESUCHTEN WORTES EINGESETZT. ODER DER BASIS-SATZ BLEIBT BESTEHEN UND AM ENDE DES SATZES WIRD EIN »KA« ANGEHÄNGT. UND DAS »U« VOM »DESU« KÖNNT IHR VOR DEM »KA« VERSCHLUCKEN: »OISHIDES( )KA?«
SCHLÜRFEN IST ERLAUBT, ABER ÜBERTREIBT ES NICHT.
SUPPE MIT STÄBCHEN ESSEN?
スプーンはありますか？
SUPUUN HA ARIMASU KA?
HABEN WIR LÖFFEL?
お箸はありますよ！
OHASHI HA ARIMASU YO!
WIR HABEN STÄBCHEN!
BESONDERS TOLL ZUM ÜBEN IST ÜBRIGENS POPCORN… WENN IHR DAS GESCHAFFT HABT, KÖNNT IHR AUCH SUPPE MIT STÄBCHEN ESSEN.

VOKABELLISTE – LEKTION 8

KANJI	SO WIRD ES GESCHRIEBEN	LESUNGEN	BEDEUTUNG
恥	¯ 厂 F F E 耳 耳 耳 恥 恥	チ, は(じる) はじは(じらう) は(ずかしい)	SCHAM, PEINLICHKEIT, PEINLICH, SICH SCHÄMEN FÜR
何	ノ 亻 亻 仁 何 何 何	カ, なに, なん	WAS?
塩	- 十 土 圹 圹 圹 埳 埳 埳 塩 塩 塩 塩	エン, しお	SALZ
布	一 ナ 十 右 布	フ, ぬの	LEINEN, TUCH
時	丨 冂 日 日 旷 旪 时 時 時 時	ージ とき―どき	ZEIT, STUNDE
分	ノ 八 分 分	ブンフンブ, わ(ける) わ(け), わ(かれる), わ(かる), わ(かつ)	MINUTE, TEIL; VERSTEHEN
昆	丨 冂 日 日 旦 昆 昆 昆	コン	INSEKT
お箸	ノ ⺈ ⺮ 竹 笁 笁 笁 笋 笋 箸 箸	チョ, チャク, はし	STÄBCHEN
か?			FRAGEPARTIKEL
これ			DAS
どう			WIE?
はい			JA
うまい			LECKER (VORSICHT: SO ETWAS SAGEN NUR MÄNNER)
聞く 聞きます	丨 ｢ 門 門 門 門 門 門 門 門 聞 聞 聞	きく ききます	FRAGEN, HÖREN
スプーン			LÖFFEL (VON ENGL. SPOON)

Geburtstag des Monats: Astro Boy

Astro Boy oder »Tetsuwan Atomu« wurde am 7. April 2003 in einem Labor im Tokyoter Stadtteil Takadanobaba geboren. Osamu Tezuka, der Schöpfer des kleinen Roboterjungen, legte Geburtsdatum und -ort in einem der letzten Mangabände fest. Tezuka hatte 1952 mit »Astro Boy« nicht nur den modernen Manga »erfunden«, sondern machte den Roboter mit den zahllosen Gimmicks und dem großen Herzen zu einem weltweiten Exporthit.

Die »Geburt« von Astro Boy wurde 2003 dann auch ordentlich in Tokyo gefeiert. Zu Ehren des Geburtstagskindes änderte die Tokyoter U-Bahnstation ihre Erkennungsmelodie in die Musik des Astro-Boy-Animes, außerdem war das Konterfei von Astro Boy auf allem zu sehen: Keksen, Tofu, T-Shirts, Spielzeug, Teetassen und noch vielem mehr. Eine Parade zu Ehren des Geburtstagskindes gab es auch: Zahlreiche Fans hatten sich als Astro Boy oder Professor Ochanomizu verkleidet und zogen durch das Viertel Takadanobaba, begleitet von einer Blaskapelle, die »Happy Birthday« spielte.

»ASTRO BOY« IST IN 21 BÄNDEN BEI CARLSEN COMICS ERSCHIENEN.

WIR KOCHEN UNS EIN SÜPPCHEN

JAPANISCHE NUDELSUPPEN SIND KÖSTLICH UND GANZ EINFACH SELBER ZU MACHEN. DIE NUDELN WERDEN SCHLÜRFEND GEGESSEN. DAS HEISST ABER NICHT, DASS IHR WIE EIN STAUBSAUGER AUF DIE SUPPE LOSGEHT, SONDERN ES BEDEUTET, DASS IHR DIE NUDELN MIT EINEM LEICHTEN »PLOP« ESSEN SOLLTET. WENIGER BELEIDIGT DEN KOCH. MEHR BELEIDIGT EUCH, WENN IHR DIE FLECKEN NICHT MEHR AUS DER KLEIDUNG BEKOMMT.

VARIANTE 1 – ORIGINALGETREUE NUDELSUPPE

100 G SOBA (BUCHWEIZENNUDELN)
100 – 200 G RINDFLEISCH, IN HAUCHDÜNNE SCHEIBEN GESCHNITTEN (BZW. TOFU FÜR VEGETARIER)
ZWIEBELN (NACH GESCHMACK)
LAUCH
MAIS (KLEINE DOSE)
50 ML TSUYU (FLÜSSIGBRÜHE)

1. DIE NUDELN KOCHEN, DANN MIT REICHLICH KALTEM WASSER ABSCHRECKEN UND ORDENTLICH MIT BEIDEN HÄNDEN »WASCHEN«, BIS SICH DIE NUDELN GANZ GLATT ANFÜHLEN.
2. IN EINEM TOPF WASSER ZUM KOCHEN BRINGEN. ZWIEBELN UND LAUCH KLEIN SCHNEIDEN. JETZT DIE HAUCHDÜNNEN FLEISCHSCHEIBEN ODER DEN TOFU HINZUFÜGEN. ETWA FÜNF BIS SECHS MINUTEN KOCHEN LASSEN. MAIS ABTROPFEN LASSEN UND EBENFALLS IN DIE SUPPE GEBEN.
3. GANZ ZUM SCHLUSS: DIE NUDELN IN DIE SUPPE GLEITEN LASSEN.
4. IN EINE SCHÜSSEL FÜLLEN UND MIT STÄBCHEN ESSEN – OISHII DESU YO!

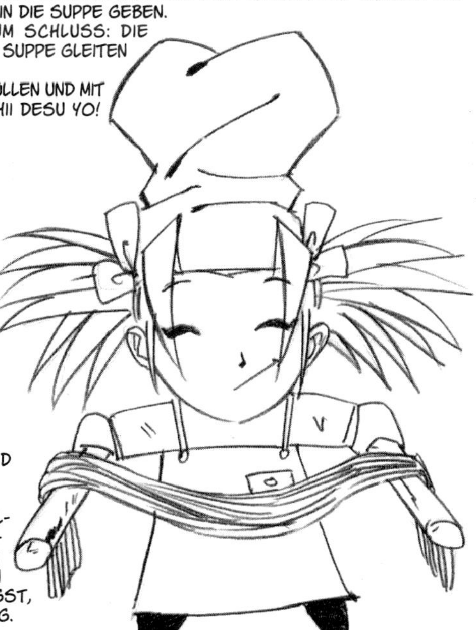

VARIANTE 2 – YUM YUM (ODER ANDERE MARKE) NUDELSUPPE (GESCHMACK NACH WAHL)

1. WASSER KOCHEN
2. PÄCKCHEN AUFREISSEN, ALLE DARIN VORHANDENEN PULVER UND ÖLE INS WASSER SCHÜTTEN.
3. NUDELN HINTERHERWERFEN.
4. DARAN DENKEN, DASS IN TOKYO MAL EIN STUDENT AN MANGELERNÄHRUNG GESTORBEN IST, WEIL ER SICH NUR VON TÜTENNUDELSUPPEN ERNÄHRT HABEN SOLL… DIE MEISTEN ENTHALTEN NÄMLICH KAUM VITAMINE UND NÄHRSTOFFE UND STEHEN AUSSERDEM IM VERDACHT, DEM KÖRPER KALZIUM ZU ENTZIEHEN. KEINE ANGST, WENN MAN DAS NUR AB UND ZU ISST, IST DAS VÖLLIG IN ORDNUNG.
5. BANANE ESSEN (ZUM KALZIUM-AUSGLEICH).

Teru teru bozu –
Regen und Verben

Lektion 9

9

雨は降ります。
AME HA FURIMASU.
ES REGNET.
今何をしますか？
IMA, NANIWO SHIMASUKA?
WAS MACHST DU JETZT?
アイスクリームを食べます。
AISUKURIIMUWO TABEMASU.
ICH ESSE EIN EIS.
雑誌を読みます。
SASSHI WO YOMIMASU.
ICH LESE EINE ZEITSCHRIFT.
今何をしますか？
WAS MACHST DU GERADE?
ニルスは少年ジャンプを買います。
NIRUSU HA SHOUNEN JUMP WO KAIMASU.
NILS KAUFT EIN SHONEN JUMP.
WENN DAS DIE GANZE ZEIT SO WEITERGEHT, BLEIBEN WIR BESSER DRINNEN…
お茶を飲みます。
OCHAWO NOMIMASU.
WIR TRINKEN TEE.
帰ります。
KAERIMASU.
ICH GEHE HEIM.
靴を脱ぎます。
KUTSU WO NUGIMASU.
ICH ZIEHE DIE SCHUHE AUS.

VOKABELLISTE – LEKTION 9

KANJI	SO WIRD ES GESCHRIEBEN	LESUNGEN	BEDEUTUNG
携		ケイ, たずさ(える) たずさ(わる)	TRAGBAR SEIN, BE- WAFFNET SEIN MIT
帯		タイ , おび お(びる)	GÜRTEL, OBI (KIMO- NOGÜRTEL), REGION
電		デン	STROM
話		ワ はな(す), はなし	GESPRÄCH, UNTER- HALTUNG, ERZÄHLUNG
勉		ベン つと(める)	SICH MÜHE GEBEN
強		キョウ, ゴウ つよ(い), つよ(まる), つよ(める), し(いる), こわ(い)	STARK
雨		ウ あめ, あま, さめ	REGEN
雑		ザツ, ゾウ, まじ(える)	SONSTIGE
誌		シ	DOKUMENTE, AUFZEICHNUNGEN
靴		カ くつ	SCHUHE
家		いえ、うち	HAUS, ZUHAUSE
を			WO (SPRICH: O) AKKUSATIVPARTIK.
雑誌		ざっし	ZEITSCHRIFT, MAGAZIN
します			MACHEN, TUN
降ります		ふります	FALLEN
読みます		よみます	LESEN
食べます		たべます	ESSEN
帰ります		かえります	NACH HAUSE GEHEN, ZURÜCKKEHREN
脱ぎます		ぬぎます	(KLEIDUNG UND SCHUHE) AUSZIEHEN
飲みます		のみます	TRINKEN
携帯電話		けいたいでんわ	HANDY
コンビニ		KOMBINI (CONVIENIENCE STORE, 24 STUNDEN GEÖFFNETER LADEN)	
勉強します		べんきょうします	LERNEN, STUDIEREN

Feiertage des Monats: Golden Week

Die »Golden Week« ist eine Ansammlung von Feiertagen, die meist so geschickt liegen, dass man in Japan mindestens eine ganze Woche lang freihat. Am 29. April geht es los: Der Geburtstag des Showa-Tenno wurde nach seinem Tod 1989 in »Midori no Hi« (»Grüner Tag«) umbenannt. Der 3. Mai ist der Kenpo Kinenbi (Verfassungs-Gedenktag), 1947 trat an diesem Tag die neue Verfassung in Kraft. Der 4. Mai ist erst seit Kurzem ein »Volksfeiertag«, hauptsächlich deshalb, weil er die Lücke zwischen dem letzten und dem nächsten Feiertag so hübsch füllt. Am 5. Mai schließlich ist »Kodomo no hi« (Tag der Kinder). Viele Firmen und Büros schließen in dieser Zeit. Die meisten Japaner setzen sich in der Golden Week auch sofort in Bewegung, um entweder Verwandte in Japan zu besuchen oder eine Reise ins Ausland zu machen. Das bedeutet, dass die Straßen voller Staus sind, im Shinkansen-Schnellzug sind nicht mal mehr Stehplätze zu haben und die Schlangen an den Flughäfen sind ein echter Albtraum: Wer schlau ist, fährt zu einer anderen Zeit nach Japan.

Wer sich dieser Völkerwanderung nicht aussetzen will, bleibt zu Hause. Da in dieser Woche meist viele interessante Filme ins Kino kommen und auch viele Videospiele erscheinen, muss sich auch da keiner langweilen: Und ein fast leeres Tokyo ist ja etwas, was man nicht besonders oft sieht.

TERU TERU BOZU てるてるぼうず

ZWISCHEN DEM MILDEN FRÜHLING UND DIE HITZE DES SOMMERS QUETSCHT SICH IN MANCHEN TEILEN JAPANS »TSUYU«: DIE REGENZEIT. SCHIEN GERADE EBEN NOCH DIE SONNE, KANN MAN IM NÄCHSTEN MOMENT SCHON UNTER SCHWARZEN REGENWOLKEN STEHEN, DIE EINEN RICHTIG NASS MACHEN. DAS KANN EINEM NATÜRLICH JEDEN AUSFLUG UND JEDES PICKNICK TOTAL VERSAUEN.

UND DESWEGEN GIBT ES TERU TERU BOZU: DIE KLEINEN PUPPEN KANN JEDER EINFACH BASTELN UND DRAUSSEN ANS HAUS HÄNGEN, DAMIT DIE KLEINEN »SCHEINE, SCHEINE, PRIESTER« FÜR SONNENSCHEIN BETEN. DAS IST GANZ EINFACH: MIT MEHREREN PAPIERTASCHENTÜCHERN FORMT MAN EINEN »KOPF«, DANN WICKELT MAN EIN TASCHENTUCH DARUM UND BINDET DEN KOPF MIT EINEM WEISSEN BINDFADEN GUT AB. WER MÖCHTE, KANN EIN LÄCHELNDES GESICHT AUF DEN KOPF MALEN. DANN HÄNGT MAN DEN KLEINEN NACH DRAUSSEN (BALKON ODER VERANDA TUN ES AUCH). WENN ES EIN DRINGENDER WUNSCH NACH SCHÖNEM WETTER IST, SOLLTE MAN DEN TERU TERU BOZU VIELLEICHT ETWAS MIT SAKE BEGIESSEN. HAT DER KLEINE PRIESTER WIRKLICH SCHÖNES WETTER GEBRACHT, DANN IST ES ANGEBRACHT, IHN AUF DEN AUSFLUG ODER DAS PICKNICK MITZUNEHMEN.

Wir fahren nach Kyoto – Partikel »no«

und immer schön »danke« und »bitte« sagen

Lektion 10

10

!?
!!
HARO!
HARO!
HARO!
HARO!
EINE ALTE KYOTOER TRADITION. ICH WÜNSCHTE, ICH WÜSSTE, WARUM SIE DAS TUN.
これをお願いします。 KORE WO ONEGAISHIMASU. ICH MÖCHTE DAS, BITTE.
DAS SPRICHWORT SAGT: 親しき仲にも礼儀あり »HÖFLICHKEIT IST NICHT NUR FÜR FREMDE«. IHR MÜSST IMMER »DANKE« UND »BITTE« SAGEN.
どうぞ、こちらへ。 DOUZO, KOCHIRA HE. BITTE HIER ENTLANG.
»DANKE« UND »BITTE« SAGEN KLINGT EINFACH, IST ES ABER NICHT. HÖFLICHKEIT IST IN DER JAPANISCHEN SPRACHE SO WICHTIG, DASS ES GROSSE UNTERSCHIEDE GIBT, ZU WEM MAN WAS WIE SAGT – BEISPIELSWEISE IST MAN ZU SEINEM LEHRER HÖFLICHER ALS ZU DEN MITSCHÜLERN. UND DAS FÄNGT BEI »BITTE« UND »DANKE« AN. NICHT NUR, DASS ES VERSCHIEDENE WORTE DAFÜR GIBT, ES GIBT AUCH VIELE VARIATIONEN. GENERELL GILT, JE LÄNGER IHR ETWAS SAGT, DESTO HÖFLICHER IST ES.
»DOUZO« IST IMMER AUFFORDERND. MIT »KUDASAI« BITTET IHR HÖFLICH, ETWAS BESTIMMTES ZU TUN, DAZU MÜSST IHR DAS VERB AUCH ETWAS UMKNETEN. IM MOMENT REICHT ES ABER, DASS IHR DAS VERSTEHT.
おおきに！ OOKINI! DANKE SEHR!
プレセント用に包装してください。 PURESENTO YOU NI HOUSOUSHITE KUDASAI. BITTE PACKEN SIE DAS ALS GESCHENK EIN.
どうもありがとうございました！ DOUMO ARIGATOU GOZAIMASHITA! VIELEN DANK!
ABER SO WAS SAGT MAN NUR NOCH IN KYOTO…
ICH HÄTTE AUCH EINFACH NUR ARIGATOU GOZAIMASHITA SAGEN KÖNNEN. ODER AUCH NUR »DOUMO«. ABER DAFÜR BIN ICH ZU ALTMODISCH: ALS ICH NOCH JUNG WAR, GALT ES ALS NICHT DAMENHAFT, NUR »DOUMO« ZU SAGEN, DENN DAS SAGTEN DAMALS NUR MÄNNER… WIE SICH DIE ZEITEN ÄNDERN…

GEISHA – KLISCHEE UND WAHRHEIT

EINE GEISHA, SO WILL ES DAS EUROPÄISCHE VORURTEIL, IST EINE HOCHKLASSIGE PROSTITUIERTE. GEISHAS SIND VIELES, ABER DAS GANZ SICHER NICHT. »GEISHA« SETZT SICH ZUSAMMEN AUS DEN SCHRIFTZEICHEN FÜR »KUNST« UND »PERSON«. DIE ANGESEHENSTEN GEISHAS KAMEN STETS AUS DEM VIERTEL GION IN KYOTO. SIE BEHERRSCHTEN ALLE KÜNSTE, DIE IN JAPAN WICHTIG WAREN: KALLIGRAFIE, REZITATION VON GEDICHTEN, KLASSISCHER JAPANISCHER GESANG UND TANZ, DAS SPIELEN DER SHAMISEN (SAITENINSTRUMENT) UND NATÜRLICH DIE TEEZEREMONIE. GEISHAS SIND AUCH SEHR GEBILDET, UM INTERESSANTE KONVERSATION MACHEN ZU KÖNNEN UND AUSSERDEM SEHR DISKRET. GEISHAS SIND GESAMTKUNSTWERKE, SYMBOLE FÜR JAPAN UND LEBENDE NATIONALSCHÄTZE. UND VOM AUSSTERBEN BEDROHT...

IN DER BLÜTEZEIT DER GEISHAS, ETWA ENDE DES 19. JAHRHUNDERTS, LEBTEN NOCH 80.000 IN GANZ JAPAN, HEUTE SIND ES NICHT EINMAL MEHR 1000 FRAUEN. DIE AUSBILDUNG ZUR GEISHA IST HART UND SEHR TEUER, NACHWUCHS FINDET SICH SELTEN – UND DIE MEISTEN HÖREN NACH IHRER MAIKO-ZEIT (GEISHA IN AUSBILDUNG) AUF. DIE DIENSTE EINER GEISHA SIND HEUTE KAUM NOCH GEFRAGT, NUR NOCH WENIGE WISSEN IHRE KÜNSTE WIRKLICH ZU SCHÄTZEN. HEUTE SCHEINEN GEISHAS MEHR DENN JE DEM JAPANISCHEN SCHÖNHEITSIDEAL DER VERGÄNGLICHKEIT ZU ENTSPRECHEN, DENN SIE SELBST SIND KAUM MEHR ALS EINE ERINNERUNG AUS DER VERGANGENHEIT JAPANS.

KNALLHARTE KYOTO-TIPPS

★ KYOTO IST EHER WAS FÜR FORTGESCHRITTENE: NUR BEI DER TOURIST INFO* GIBT ES INFORMATIONEN IN ANDEREN SPRACHEN ALS JAPANISCH, DIE MEISTEN SEHENSWÜRDIGKEITEN SIND AUCH NUR AUF JAPANISCH AUSGESCHILDERT, BUSFAHRPLÄNE GIBT ES NUR AUF JAPANISCH.

★ NICHT JEDER GELDAUTOMAT GIBT AUSLÄNDERN GELD: MEISTENS KLAPPT ES BEI DER POST UND BEI DER CITIBANK.

★ KEINE STADT FÜR LANGSCHLÄFER: FAST ALLE TEMPEL, SCHREINE UND MUSEEN SCHLIESSEN GEGEN 17:00 UHR.

★ WER DEN ALTEN KAISERPALAST ODER KAISERLICHE NEBENPALÄSTE BESUCHEN MÖCHTE, MUSS SICH MINDESTENS EINEN TAG VORHER BEIM KAISERLICHEN HAUSHALTSAMT ANMELDEN (宮内庁)** UND DORT EINE ANMELDUNG AUSFÜLLEN, DEN REISEPASS SOLLTET IHR DORT AUCH VORZEIGEN. DIE ERLAUBNIS, DEN PALAST ZU BESICHTIGEN, WIRD AUSLÄNDERN NORMALERWEISE RASCH ERTEILT – JAPANER WARTEN MANCHMAL WOCHENLANG DARAUF. ES GIBT MEHRMALS AM TAG FÜHRUNGEN DURCH DEN PALAST AUF JAPANISCH (ES GIBT ENGLISCHE BROSCHÜREN), IHR SOLLTET ETWA 20 MINUTEN VOR BEGINN VOR ORT SEIN.

*TIC KYOTO: KYOTO TOWER BLDG., HIGASHI-SHIOKOJICHO, SHIMOGYO-KU, KYOTO 600, TEL: 075-371-5649
**IMPERIAL HOUSEHOLD AGENCY, KYOTO OFFICE, KYOTO GYOEN 3, KAMIGYO-KU, KYOTO 602-8611, TEL: 075-211-1215

Feiertag des Monats: Gion Matsuri (16./17. Juni)

Ausgerechnet im Juni, wenn es selbst Japaner zu heiß in Kyoto finden, gibt es in der alten Kaiserstadt das prächtigste Matsuri (Fest) von allen. Das Gion Matsuri gipfelt zwar in einer Parade prächtiger Festwagen zwischen dem 16. Juni und 17. Juni, doch eigentlich ist den ganzen Monat etwas los.

Angefangen hat das Ganze im Jahr 869, damals wurde Kyoto von einer schrecklichen Plage heimgesucht. Der Kaiser sandte Boten zum Yasaka-Schrein im Gion-Viertel aus, um den Zorn von Susano-O, dem Bruder der Shinto-Hauptgöttin Amaterasu zu besänftigen. Nach Opfergaben und einer Prozession von Schreinen und Festwagen war es mit der Epidemie dann vorbei.

Auch heute noch werden die Riten von damals eingehalten: Nur neun Hoko- und 23 Yama-Festwagen dürfen teilnehmen. Diese Festwagen sind unglaublich groß und größtenteils echte Antiquitäten mit impor-

VOKABELLISTE – LEKTION 10

KANJI	SO WIRD ES GESCHRIEBEN	LESUNGEN	BEDEUTUNG
京		キョウ, ケイ,キン, みやこ	HAUPTSTADT
都		トツ,みやこ	HAUPTSTADT, METROPOLE
仏		ブツ、フツ、ほとけ	BUDDHA
像		ゾウ	STATUE, BILDNIS, PORTRÄT
店		みせ	GESCHÄFT
土		ド,ト, つち	ERDE, BODEN
産		サン , う(む), う(まれる), うぶ―む(す)	PRODUKT, GEBURT, EINHEIMISCH, EIGENTUM
願		ガン、ねがう	BITTE, WUNSCH, HOFFNUNG
装		ソウ, ショウ, よそお(う), よそお(い)	KLEID, VERKLEIDUNG
包		ホウ, つつ(む), くる(む)	EINWICKELN, VERHÜLLEN, VERSTECKEN
の			PARTIKEL »NO«
京都			KYOTO
お寺		ジ,てら	BUDDHISTISCHER TEMPEL
仏像		ぶつぞう	BUDDHASTATUE
お土産		おみやげ	SOUVENIR, MITBRINGSEL
どなた			WER
小さい		ちいさい	KLEIN
トイレ			TOILETTE
どうぞ			BITTE
こちら			HIER
行きます		いきます	GEHEN
包装します		ほうそうします	EINPACKEN
お願いします		おねがいします	BITTEN
プレゼント			GESCHENK
どもうありがとうございます/ どもうありがとうございました			DANKE (SEHR) MIT MASU: FÜR ETWAS, DAS NOCH KOMMEN WIRD; MIT MASHITA: FÜR ETWAS, DAS BEREITS IN DER VERGANGENHEIT LIEGT

tierten Wandbehängen aus Holland, Persien, China, Korea und Frankreich. Da die turmhohen Wagen keine Lenkachse haben und von mehreren Männern durch die Stadt gezogen werden, ist das Wenden ein echtes Spektakel, das nur mit viel Wasser, Holz und Teamwork funktioniert. Auch sonst gibt es in Kyoto viel zu sehen, denn überall wird während des Gion Matsuri ausgiebig gefeiert.

Wir fahren nach Kanazawa...

... und lernen, »nein« zu sagen

Lektion 11

11

橋ではありません。 HASHI DEHA ARIMASEN. DAS IST KEINE BRÜCKE.
逃道はありませす。 NIGEMICHI HA ARIMASU. DA GIBT ES EINEN FLUCHTWEG.
廊下ではありません。 ROUKA DEHA ARIMASEN. DAS IST KEIN FLUR.
階段は隠します。 KAIDAN HA KAKUSHIMASU. DA VERSTECKT SICH EINE TREPPE.
いいえ、賽銭箱ではありません。 IIE, SAISENBAKO DEHA ARIMASEN. NEIN, DAS IST KEIN OPFERKASTEN.
落とし穴です。 OTOSHI ANA DESU. DAS IST EINE FALLE.
部屋は隠しません。 HEYA HA KAKUSHIMASEN. DAS ZIMMER VERSTECKT SICH NICHT.
井戸の逃道は、お城まで行きます。 IDO NO NIGEMICHI HA, OSHIRO MADE IKIMASU. DER FLUCHTWEG DURCH DEN BRUNNEN FÜHRT ZUM SCHLOSS.
PLOPP
逃道はあります。 NIGEMICHI HA ARIMASU. DA GIBT ES EINEN FLUCHTWEG.
井戸ではありません。 IDO DE HA ARIMASEN. DAS IST KEIN BRUNNEN.
WIE VIELE FLUCHTWEGE GAB ES DA JETZT?
DIE WAREN JA TOTAL PARANOID...
寺は小さいです。 TERA HA CHIISAIDESU. DER TEMPEL IST KLEIN.
HAB ICH DIE RICHTIGEN SCHUHE WIEDER ANGEZOGEN?
えええ？寺は小さくないです。 EEE? TERA HA CHISAKUNAI DESU. HÄ? DER TEMPEL IST NICHT KLEIN.
部屋は隠します。 HEYA HA KAKUSHIMASU. DIESES ZIMMER VERSTECKT SICH.

VOKABELLISTE – LEKTION 11

KANJI	SO WIRD ES GESCHRIEBEN	LESUNGEN	BEDEUTUNG
予	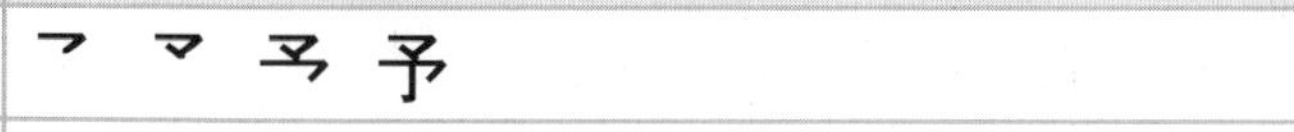	ヨ、シャ	VORHER, IM VORAUS
約		ヤク	VERSPRECHEN
階		カイ	STOCKWERK, ZÄHLWORT F. STOCKW.
段	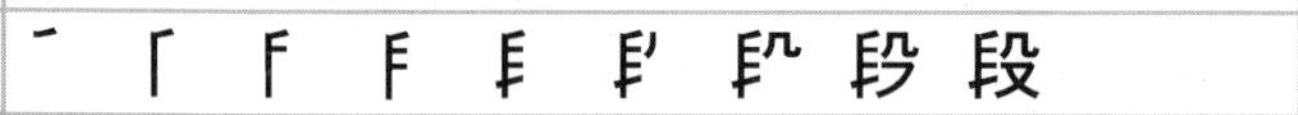	ダン, タン	GRAD, STUFE
廊	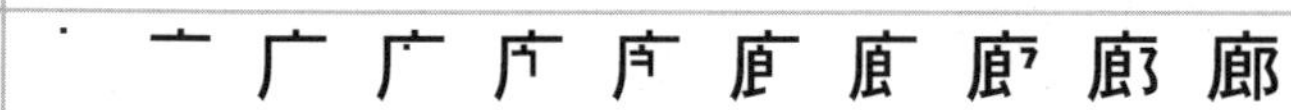	ロウ	FLUR, HALLE
下		カ, ゲ, した さ(げる), さ(がる)	UNTEN, HERUNTER, HERABSTEIGEN
橋		はし	BRÜCKE
逃	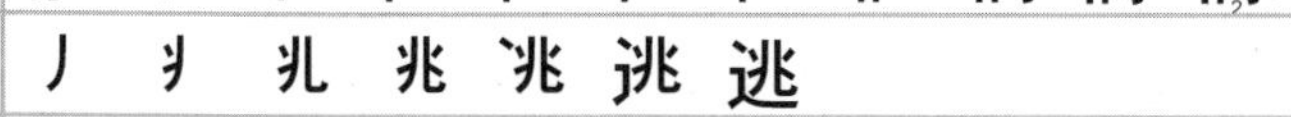	トウ, に(げる)	FLÜCHTEN
道		ドウ, トウ, みち	WEG, STRASSE, PHILOSOPHIE
部		ブ, へ	ABTEILUNG, TEIL
屋		オク, や, はい	DACH, HAUS, GESCHÄFT
戸		コ、と	TÜR
城		しろ	SCHLOSS, BURG
予約		よやく	RESERVIERUNG, VERSPRECHEN
階段		かいだん	TREPPE
暑い		あつい	HEISS
暑			
廊下		ろうか	FLUR
逃道		にげみち	FLUCHTWEG
部屋		へや	ZIMMER
井戸		いど	BRUNNEN
はい			JA
いいえ			NEIN
隠します		かくします	VERSTECKEN
隠			

KANAZAWA

WER MEHR VON JAPAN SEHEN MÖCHTE ALS NUR TOKYO UND KYOTO UND SICH NACH LÄNDLICHER RUHE SEHNT, DER SOLLTE UNBEDINGT NACH KANAZAWA FAHREN. DIE GRÖSSTE STADT IN DER HOKURIKU-REGION (UND HAUPTSTADT DER PRÄFEKTUR ISHIKAWA) IST ZWAR STRAFF TOURISTISCH DURCHORGANISIERT, ABER IMMER NOCH HÜBSCH ANZUSEHEN. VIELE ALTE STADTVIERTEL SIND SO GUT ERHALTEN, DASS JEDERZEIT EIN SAMURAI UM DIE ECKE BIEGEN KÖNNTE. AUSSER DEM MYORYUJI-TEMPEL (NINJA-TEMPEL) KANN MAN NOCH DIVERSE ANDERE TEMPEL UND SCHREINE BESUCHEN. UND NATÜRLICH DEN KENROKUEN-GARTEN, EINER DER DREI SCHÖNSTEN GÄRTEN JAPANS.

KLISCHEE: JAPANER UND DER FOTOAPPARAT

DAS HABEN WIR ALLE SCHON MAL GESEHEN: VOR EINER BERÜHMTEN SEHENSWÜRDIGKEIT STEHEN MEHRERE JAPANER UND FOTOGRAFIEREN, ALS GÄBE ES KEIN MORGEN. IN JAPAN SELBST IST ES SEHR WICHTIG, NICHT NUR ALLE WICHTIGEN SEHENSWÜRDIGKEITEN ZU FOTOGRAFIEREN, SONDERN AUCH ALLES AUS DEM OPTIMALEN WINKEL ZU ERWISCHEN. OFT SIND DIESE PUNKTE AUF DEM BODEN MARKIERT, DAMIT DIE PAGODE BZW. DER TEMPEL ODER DER BERÜHMTE GARTEN IM HINTERGRUND AUCH AM BESTEN ZUR GELTUNG KOMMT.

SCHON BEI DEN HOLZSCHNITTEN VON HIROSHIGE* UND HOKUSAI** WAR DIE WAHL DES PERFEKTEN BLICKWINKELS SEHR WICHTIG, WARUM SOLLTE DAS ALSO AUF FOTOS ANDERS SEIN? DIESE BILDER SIND TROPHÄEN UND BEWEISE, DASS MAN WIRKLICH DA GEWESEN IST – UND WO »DA« IST, KANN JEDER ERKENNEN, DA JA DER HINTERGRUND IMMER AUS DER GLEICHEN PERSPEKTIVE AUFGENOMMEN WIRD UND SOMIT EINEN HOHEN WIEDERERKENNUNGSWERT HAT.

*HIROSHIGE: Z. B. HOLZSCHNITTE AUS DEN SERIEN »100 ANSICHTEN VON EDO«, DIE 53 STATIONEN DES TOKAIDO
**HOKUSAI: Z. B. HOLZSCHNITTE AUS DEN SERIEN »46 ANSICHTEN« DES FUJI

Feiertag des Monats: 23. Juli Große Hitze

大暑

» 大暑 « setzt sich zusammen aus dem Schriftzeichen für »groß« und »heiß« und bedeutet »Große Hitze«. Dieser Tag markiert meist den Anfang der japanischen Sommerhitze. Nach dem 23. Juli 大暑 geht es mit dem Sommer richtig los, die hohe Luftfeuchtigkeit (etwa 80 %) und die hohen Temperaturen von 25°C bis 26°C halten mindestens bis September, erst ab Oktober wird das Klima wieder angenehmer.

Wer kann, fährt in dieser Zeit in die Sommerfrische nach Hokkaido, der nördlichsten Insel Japans. Die Luftfeuchtigkeit ist wesentlich geringer und die Temperaturen sind angenehmer.
Alle anderen werfen die Klimaanlage an und begrüßen sich mit »Atsui desu ne« bzw. »Mushiatsui desu ne« (Schwül heute, nicht wahr), bis der Herbst kommt.

Unausssprechliches – Toiletten, Pantoffeln und を

12

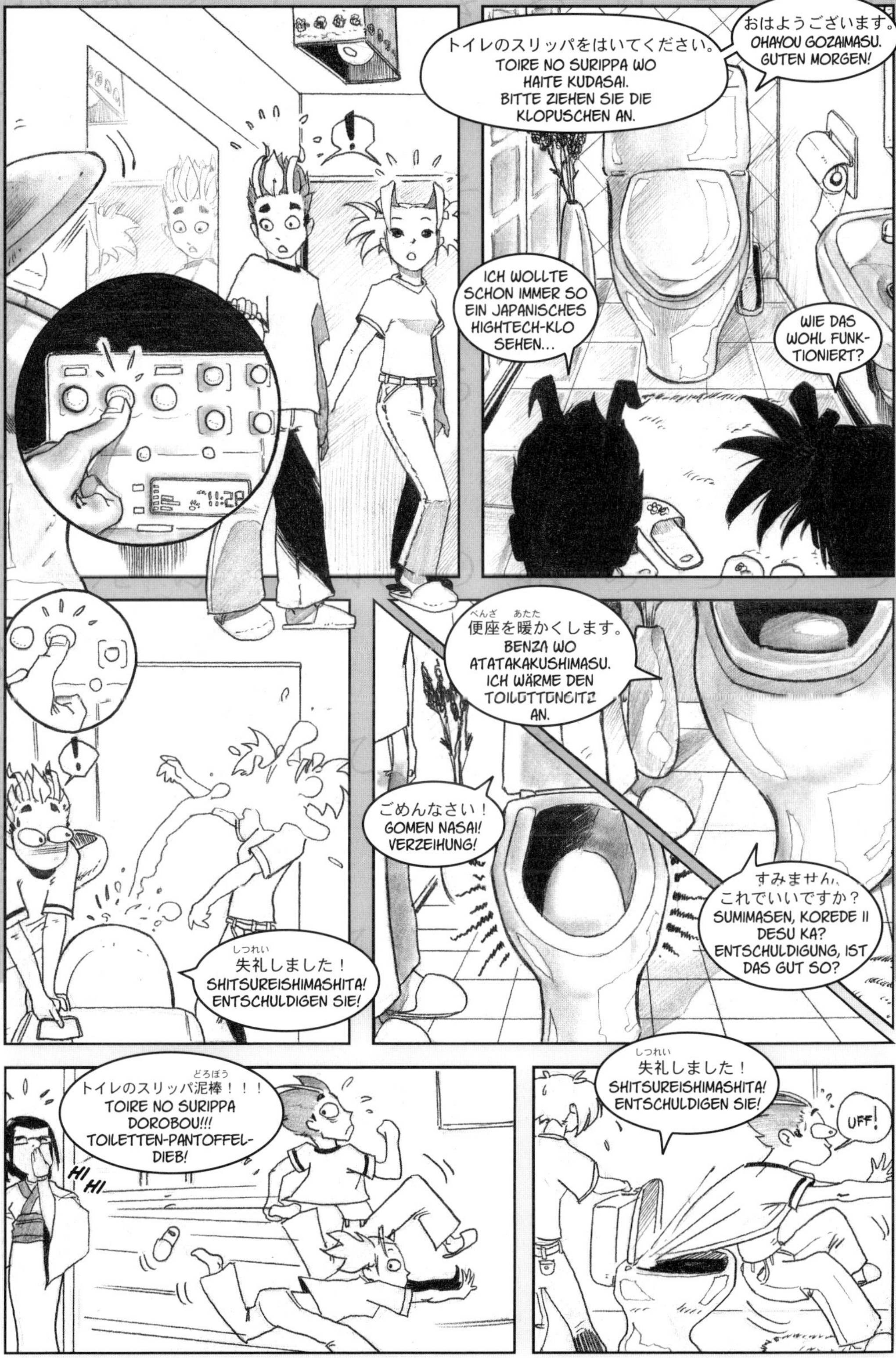

おはようございます。
OHAYOU GOZAIMASU.
GUTEN MORGEN!
トイレのスリッパをはいてください。
TOIRE NO SURIPPA WO HAITE KUDASAI.
BITTE ZIEHEN SIE DIE KLOPUSCHEN AN.
ICH WOLLTE SCHON IMMER SO EIN JAPANISCHES HIGHTECH-KLO SEHEN…
WIE DAS WOHL FUNK-TIONIERT?
便座を暖かくします。
BENZA WO ATATAKAKUSHIMASU.
ICH WÄRME DEN TOILETTENSITZ AN.
ごめんなさい！
GOMEN NASAI!
VERZEIHUNG!
すみません、これでいいですか？
SUMIMASEN, KOREDE II DESU KA?
ENTSCHULDIGUNG, IST DAS GUT SO?
失礼しました！
SHITSUREISHIMASHITA!
ENTSCHULDIGEN SIE!
トイレのスリッパ泥棒！！！
TOIRE NO SURIPPA DOROBOU!!!
TOILETTEN-PANTOFFEL-DIEB!
HI HI
失礼しました！
SHITSUREISHIMASHITA!
ENTSCHULDIGEN SIE!
UFF!

VOKABELLISTE – LEKTION 12

KANJI	SO WIRD ES GESCHRIEBEN	LESUNGEN	BEDEUTUNG
彼		かれ	ER
単		タン, ひとえ	EINZELN, NUR
語		ゴ, かた(る)	SPRACHE
便		ベン, ビン, たよ(り)	BEQUEM
座		ザ, すわ(る)	SITZEN, SITZ(KISSEN)
手		て	HAND
洗		セン あら(う)	WASCHEN
泥		デ,イナイ, デニ, どろ	SCHLAMM, KLEBEN AN
棒		ボウ	STOCK
単語		たんご	VOKABELN
泥棒		どろぼう	DIEB
便座		べんざ	TOILETTENSITZ
暖かい	暖	あたたかい	WARM
新しい	新	あたらしい	NEU
貸します	貸	かします	VERLEIHEN, AUSLEIHEN
分かります	分	わかる、わかります	VERSTEHEN
すみません			ENTSCHULDIGUNG
ごめんなさい			ENTSCHULDIGUNG
失礼します しつれいしました			ENTSCHULDIGUNG (WÖRTL. ETWA: ICH WAR UNHÖFLICH)
トイレのスリッパ			TOILETTEN-SLIPPER
トイレ(ット)			TOILETTE
お手洗い		おてあらい	TOILETTE (WÖRTL: HÄNDE WASCHEN)

UNAUSSPRECHLICHES: PUSCHEN UND TOILETTEN

WARUM MAN IMMER BEIM BETRETEN DER TOILETTE DIE TOILETTENPANTOFFELN ANZIEHT UND BEIM VERLASSEN DES RAUMES WIEDER HERAUSSCHLÜPFT, ERKLÄRT SICH GANZ VON SELBST, WENN MAN ETWAS MEHR ÜBER TOILETTEN IN JAPAN WEISS.

IM INSELREICH GIBT ES ZWEI HAUPTARTEN VON TOILETTEN, DIE JEWEILS AM ANDEREN ENDE EINES HYGIENE-EXTREMS STEHEN: ENTWEDER ES GIBT DIE TRADITIONELLEN HOCKKLOS, ALSO EINE ART LOCH IM BODEN MIT KERAMIK AUSSENDRUM UND SPÜLUNG. ODER ES GIBT TOILETTEN MIT FERNBEDIENUNG, DIE DEM BENUTZER NAHEZU JEDEN WUNSCH ERFÜLLEN KÖNNEN. DAZWISCHEN GIBT ES NATÜRLICH AUCH DAS STANDARDKLO, DAS KENNEN WIR ABER ALLE UND DESWEGEN IST ES AUCH NICHT SO SPANNEND. DIE LUXUS-TOILETTEN VERFÜGEN MEIST ÜBER EINEN BEHEIZBAREN TOILETTENSITZ MIT INDIVIDUELL REGULIERBARER TEMPERATUR, AUSSERDEM GIBT ES NOCH EINE BIDET-FUNKTION UND WENN ALLES GUT GEDUSCHT IST, KOMMT EIN WOHLDUFTENDES, WOHLTEMPERIERTES LÜFTCHEN IN KONTROLLIERBARER STÄRKE UND PUSTET ALLES WIEDER TROCKEN. OPTIONAL KANN DIE KLOBRILLE AUCH MASSIEREN. DER TOILETTENSITZ HEBT SICH VON SELBST, UND WENN MAN LÄNGER VOR DER TOILETTE STEHEN BLEIBT, HEBT SICH AUCH DIE BRILLE, FALLS DER HERR LIEBER STEHEN BLEIBEN MÖCHTE. NATÜRLICH IST DIE MODERNE HIGHTECH-TOILETTE SELBSTREINIGEND UND DESINFIZIERT SICH NACH JEDEM GEBRAUCH GANZ VON SELBST.

Feiertag des Monats: O-Bon (13. bis 15. August)

O-Bon ist ein buddhistisches Fest, um Mitte August herum kommen die Geister der Ahnen bei den Lebenden zu Besuch. Damit sie sich davon überzeugen können, dass es allen gut geht, werden sie fröhlich empfangen. Viele Japaner nutzen die Feiertage, um zu ihren Familien in die Provinz zu fahren, die Züge sind sehr voll. Auf dem Land angekommen, opfert man am buddhistischen Hausaltar Süßigkeiten und etwas, das der Verstorbene gern aß, außerdem geht man das Grab besuchen und vielleicht noch in den Tempel. Damit die Toten sich willkommen fühlen, gibt es Feuerwerk und Bon Odori (Bon-Tänze), die im traditionellen Yukata (Sommerkimono) getanzt werden. In Kyoto brennen Feuer in Form des Schriftzeichens »groß« (大). Am Ende des O-Bon-Fests werden Boote mit Laternen zu Wasser gelassen; indem die Lampions den Fluss hinuntertreiben, begleiten sie die Ahnen wieder zurück in die andere Welt.

Lektion der...
... Superlative!

*KOBAN: EINE KLEINE POLIZEIDIENSTSTELLE AN FAST JEDER KREUZUNG.

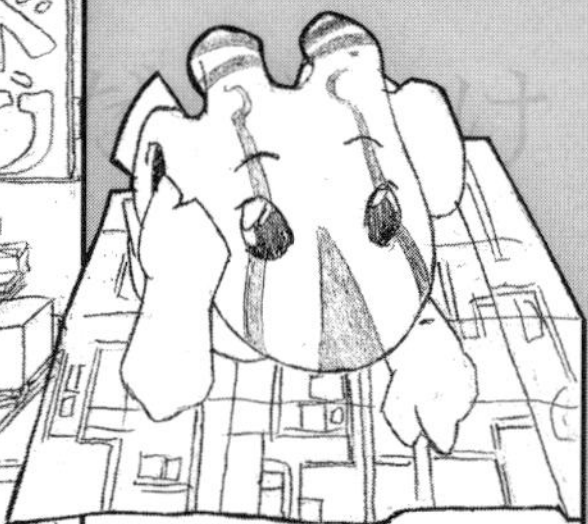

DAS IST DIE LEKTION DER SUPERLATIVE: IN DIESER LEKTION DREHT SICH ALLES UM STEIGERUNGEN UND VERGLEICHE.
MÖCHTE MAN ETWAS ZUM ALLERBESTEN ERKLÄREN, SCHREIBT MAN EINFACH EIN »ICHIBAN« (DIREKT ÜBERSETZT: NUMMER EINS) VOR DAS ADJEKTIV. »ICHIBAN II« IST ALSO DAS ALLERBESTE.

SUBJEKT HA
+
ICHIBAN
+
ADJEKTIV
+
DESU.

WENN IHR ETWAS VORSICHTIGER STEIGERN WOLLT, GEHT DAS MIT WÖRTERN WIE Z. B.: »SEHR« ODER »NICHT SO«, DIE AUCH DIREKT VOR DAS ADJEKTIV GESTELLT WERDEN.

SUBJEKT HA
+
TAIHEN/TAKUSAN
+
ADJEKTIV
+
DESU.

ETWAS AUFPASSEN SOLLTET IHR DABEI, DENN MANCHMAL BRAUCHT MAN DAZU EIN NEGATIVES SATZENDE, Z. B. BEI »AMARI« (NICHT SO):
SUBJEKT HA AMARI ADJEKTIV-KU NAI DESU.
ODER:
SUBJEKT HA AMARI ADJEKTIV-KU ARIMASEN.

**KAPPABASHI: IN DIESER STRASSE GIBT ES UNTER ANDEREM DIE BERÜHMTEN ESSENS-IMITATIONEN, DIE VOR JEDEM RESTAURANT IN JAPAN ZU FNDEN SIND.

13

*ÜBERBACKENES KOTELETT AUF REIS

VOKABELLISTE – LEKTION 13

KANJI	SO WIRD ES GESCHRIEBEN	LESUNGEN	BEDEUTUNG
交		コウ, まじ(わる)	KOMMEN UND GEHEN, VERMISCHEN
番		バン, つが(い)	NUMMER, A. D. REIHE SEIN (Z.B. BEIM SPIEL)
左		サ,シ, ひだり	LINKS
右		ウ,ユウ,みぎ	RECHTS
足		ソク, あし	BEIN, FUSS
簡		カン	EINFACHHEIT, KÜRZE
一番		いちばん	SUPERLATIV, WÖRTL. »NUMMER 1«
近い		ちかい	NAH
交番		こうばん	POLIZEIDIENSTSTELLE
速い		はやい	SCHNELL
すし			SUSHI
本物		ほんもの	ECHTHEIT, UNVERFÄLSCHTHEIT, ORIGINAL, HERVORRAGENDE VORSTELLUNG
簡単		かんたん	LEICHT, EINFACH
いたい			SCHMERZEN, WEHTUN
あまり			NICHT SO (SEHR)
優しい 優		やさしい	FREUNDLICH
難しい 難		むずかしい	SCHWIERIG, KOMPLIZIERT
カツ丼		かつどん	KATSUDON (ÜBERBACKENES KOTELETT AUF REIS)
まっすぐ			GERADEAUS
たいへん			SEHR, SCHRECKLICH
きれいな			SCHÖN
曲がります		まがります	ABBIEGEN

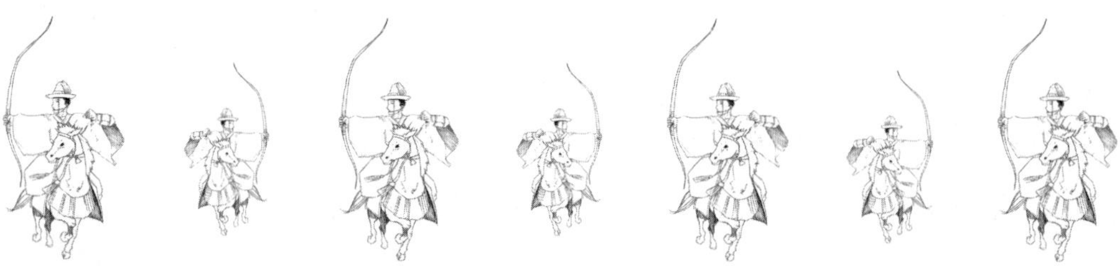

JAPANISCHE ADRESSEN

IN JAPAN EINE ADRESSE ZU FINDEN, IST GAR NICHT SO EINFACH. ES GIBT NUR SELTEN STRASSENNAMEN UND FAST NOCH SELTENER HAUSNUMMERN, DIE LOGISCH AUFEINANDERFOLGEN. ZUNÄCHST EINMAL IST DIE REIHENFOLGE DER ADRESSE UMGEKEHRT UND VERLÄUFT VOM GROSSEN ZUM KLEINEREN, ALSO ZUM BEISPIEL:

NIHON	JAPAN
TOKYO TO 東京都	STADT
SHIBUYA KU 渋谷区	VIERTEL
DOUGENZAKA 道玄坂	UNTERBEZIRK DES VIERTELS
2-29-1	2. CHOME (TEIL DES UNTERBEZIRKS) 29. HÄUSERBLOCK 1 HAUSNUMMER
OMA NAKAYAMA	NAME

DIESES SICHERLICH SEHR TRADITIONELLE SYSTEM MACHT ES NICHT NUR AUSLÄNDERN IN JAPAN SEHR SCHWER, EINE ADRESSE ZU FINDEN. DESWEGEN HABEN FAST ALLE HOTELS UND GESCHÄFTE AUF IHREN VISITENKARTEN ODER WERBEZETTELN NICHT NUR IHRE ADRESSE, SONDERN AUCH EINE KLEINE KARTE EINGEZEICHNET, AUF DER MAN DAS HOTEL UND DIE UMGEBUNG FINDEN KANN. SOLLTE AUCH DAS NICHT HELFEN – UND DAS PASSIERT OFT – IST DAS STETS DIE PASSENDE GELEGENHEIT, MAL BEI EINER KOBAN (POLIZEIDIENSTSTELLE) NACHZUFRAGEN. POLIZISTEN IN JAPAN HABEN NÄMLICH WIRKLICH DEN AUFTRAG, VERIRRTE WIEDER AUF DEN WEG ZURÜCKZUBRINGEN. ENTWEDER MAN BEKOMMT SCHON WIEDER EINE KARTE IN DIE HAND GEDRÜCKT, ODER DER POLIZIST BRINGT EINEN EINFACH DAHIN, WO MAN GERNE HIN MÖCHTE. DAS KIMI RYOKAN* IN TOKYO MACHTE ES SICH DA EINFACHER: JEDER GAST BEKAM AN DER REZEPTION EINE UMGEBUNGSKARTE, AUF DEREN RÜCKSEITE AUF JAPANISCH IN ETWA STAND: »DIESER AUSLÄNDER MÖCHTE ZURÜCK INS KIMI RYOKAN, BITTE SEIEN SIE SO NETT UND HELFEN SIE IHM WIEDER AUF DEN RICHTIGEN WEG.«

*RYOKAN = HERBERGE

Yabusame

Feiertag des Monats: 16. September

Jedes Jahr am 16. September gibt es im Hachimangu Schrein in Kamakura Yabusame: Männer in Kostümen aus dem 12. Jahrhundert schießen im vollen Galopp mit Pfeil und Bogen auf Zielscheiben.

In weniger als 20 Sekunden galoppieren die Reiter die 208 Meter lange Strecke entlang und müssen dabei auch noch drei Zielscheiben akkurat treffen oder zerschmettern, denn das kommt beim Publikum besser an.

In der Kamakura-Zeit (1192 – 1333) hatte sich das Bogenschießen zu Pferde zu einem Sport entwickelt, der in diesen kriegerischen Zeiten jederzeit die Fähigkeiten des Schützen forderte. Yabusame ist gleichzeitig auch ein religiöses Ritual, daran teilzunehmen war für jeden Samurai eine große Ehre. In der Tat war die Ehre so groß, dass ein vielversprechender junger Krieger laut Legende Selbstmord beging, weil er danebengeschossen hatte.

Selbstmord begeht deswegen heute niemand mehr, obwohl es dem Schützen natürlich schon peinlich ist, wenn er danebengeschossen hat. Heute müssen sich alle nur noch darauf konzentrieren, nicht vom Pferd zu fallen, rechtzeitig zu beschleunigen, im Galopp zu zielen und den Pfeil loszulassen – und das ist wahrlich schwer genug.

Ein Monat ohne Götter...

... aber mit »ni«

Lektion 14

Wie man spätestens seit Monty Pythons Film »Die Ritter der Kokosnuss« weiß, ist das »ni« eine sehr nützliche Silbe. In der japanischen Sprache gilt das umso mehr, da »ni« als Partikel für viele Zwecke eingesetzt wird:

- Als **Uhrzeit-Marker**, also um zu sagen, wann etwas ist:

ろくじ
六時に
rokuji ni
um sechs Uhr

- Oder als **indirektes Objekt**, also wenn z. B. A etwas B gibt oder A etwas an B richtet:

AはBにプレゼントをあげます。
A ha B ni puresento wo agemasu.
A gibt B ein Geschenk.

14

神主は彼にほうきをあげます。
Kannushi ha kare ni houki wo agemasu.
Der Priester gibt ihm einen Besen.
今は鳥だけが神社に住んでいます。
Ima ha tori dake ga jinja ni sunde imasu.
Jetzt wohnen nur die Vögel im Schrein.
十月には結婚式がありません。
Juugatsu ha kekkonshiki ga arimasen.
Im Oktober gibt es keine Hochzeiten.
手を何度もかしわ手します
Te wo nando mo kashiwade shimasu
oder wie oft man in die Hände klatscht.
釣り鐘を何度も鳴らします…
Tsurigane wo nando mo narashimasu
Und egal, wie oft man die Glocke läutet...
中山先生に手紙を書きます！
Nakayama - sensei ni tegami wo kakimasu!
Ich schreibe Lehrerin Nakayama einen Brief!
神様は神社にいません。
Kamisama ha jinja ni imasen.
Der Gott ist nicht im Schrein.

VOKABELLISTE – LEKTION 14

KANJI	SO WIRD ES GESCHRIEBEN	LESUNGEN	BEDEUTUNG
神		シン、ジン、かみ、かん	GOTT, GÖTTER
様		ヨウ、ショウ、さま	HÖFLICHKEITS-SUFFIX
社		シャ、やしろ	SCHREIN, FIRMA, BÜRO
主		シュス、シュウ、ぬし	CHEF, HERR, HAUPTSACHE
旅		リョ、たび	REISE
出		シュツ、スイ、で(る)	VERLASSEN, HERAUSGEHEN
雲		ウン、くも、ずも	WOLKE
無		ムブ、な(い)	NICHTS
国		コク、くに	LAND, STAAT
来		ライ、タイく(る)、きます	NÄCHSTES, KOMMEN
結		ケツ、ケチむす(ぶ)	BINDEN, VERTRAG SCHLIESSEN
婚		コン	HOCHZEIT
式		シキ、のり	ZEREMONIE
画		ガ、カク、えが(く)かく(する)	STRICH, BILD
策		サク	PLAN
度		ド、たび	MAL
住みます	住	すみます	WOHNEN
わたします			GEBEN

神様 かみさま	GOTT, GÖTTER	出雲	IZUMO (ORT)	結婚式 けっこんしき	HOCHZEIT
神社 じんじゃ	SHINTO-SCHREIN	無 む、な、ない	NICHTS	画策します かくさく	PLANEN
神主 かんぬし	SHINTO-PRIESTER	お国主 おくにぬし	O KUNINUSHI	何度 なんど	WIE OFT
たくさん	VIEL	住みます すみます	WOHNEN	手紙 てがみ	BRIEF
旅行 りょこう	REISE	来年 らいねん	NÄCHSTES JAHR	かしわ手 かしわで	KLATSCHEN (ZEREM. KLATSCHEN IM SCHREIN)

DIE MONATE AUF JAPANISCH!

DAFÜR KOMBINIERT IHR DIE ZAHLEN AUS LEKTION 7 MIT DEM KANJI FÜR »MONAT«:

一月 いちがつ	JANUAR	五月 ごがつ	MAI	九月 くがつ	SEPTEMBER
二月 にがつ	FEBRUAR	六月 ろくがつ	JUNI	十月 じゅうがつ	OKTOBER
三月 さんがつ	MÄRZ	七月 しちがつ	JULI	十一月 じゅういちがつ	NOVEMBER
四月 しがつ	APRIL	八月 はちがつ	AUGUST	十二月 じゅうにがつ	DEZEMBER

OMIKUJI

OMIKUJI SIND ETWAS GROSSARTIGES, NÄMLICH KLASSISCHE ORAKEL, AUF DENEN DIE ZUKUNFT STEHT. MAN BEKOMMT SIE MEISTENS IN TEMPELN UND SCHREINEN. DIE KLASSISCHE METHODE, EIN OMIKUJI ZU BEKOMMEN, IST FOLGENDE: MAN SCHÜTTELT EIN HOLZGEFÄSS SO LANGE, BIS EIN BAMBUSSTAB HERAUSFÄLLT. DARAUF STEHT EINE NUMMER, UND IN DER KLEINEN SCHUBLADE MIT DIESER NUMMER FINDET MAN EINEN ZETTEL MIT SEINEM ORAKELSPRUCH.

TEMPEL, DIE MEHR MIT DER ZEIT GEHEN, BIETEN AUCH OMIKUJI-ORAKEL-AUTOMATEN AN.

NACHDEM MAN DAS ORAKEL LANGE GENUG GELESEN HAT, WIRD ES ORDENTLICH ZUSAMMENGEFALTET UND AN EINEN BAUM GEKNOTET, DAMIT ES AUCH IN ERFÜLLUNG GEHT. WENN NICHTS GUTES IM OMIKUJI STAND – UND DAS KOMMT VOR – DANN MUSS MAN SOFORT EIN NEUES ZIEHEN UND BETEN, DASS DIE GÖTTER DAS BÖSE SCHICKSAL ABWENDEN MÖGEN UND DAS ANDERE ALS ERSATZ NEHMEN. UND DAS WIRD DANN AUCH IN DEN BAUM GEKNOTET.

Mit dem Plural baden...
... gehen

Lektion 15

*MANN **FRAU

*HEISSES WASSER

PLURAL (ALSO MEHRZAHL) IM JAPANISCHEN IST ZIEMLICH EINFACH:
MEISTENS REICHT ES, WENN IHR EIN »TACHI« AN EINE FORM VON »ICH, DU, ER, SIE, ES« HÄNGT. ALSO:

WATASHI + TACHI = WIR
ANATA + TACHI = IHR
KANOJO + TACHI = SIE (WEIBL.)

MAN KANN ES AUCH AN NAMEN HÄNGEN:

NAKAYAMA + TACHI = NAKAYAMA UND ANDERE (IN UNSEREM FALL ALSO FRAU NAKAYAMA, NILS UND SONYA)

UM AUS »KARE« EINEN PLURAL ZU DEICHSELN, MUSS MAN EIN »RA« HINTEN DRANHÄNGEN. WENN MAN EINE GRUPPE ALS »KARERA« BEZEICHNET, SOLLTE MAN DIE JUNGS ABER SCHON GUT KENNEN, SONST IST ES ETWAS PLUMP.

IN DEN ALLERMEISTEN FÄLLEN SIEHT DIE MEHRZAHL ABER AUS WIE EINE EINZAHL UND ERGIBT SICH AUS DEM LOGISCHEN ZUSAMMENHANG.

15

あなたたちは駄目ですね。
ANATATACHI HA DAME DESU NE.
DAS IST EUCH NICHT ERLAUBT.
20歳ではないですね。
20 SAI DEHA NAI DESU NE.
IHR SEID JA NICHT 20 JAHRE ALT.
あなた達は若いですね！
ANATATACHI HA WAKAI DESU NE!
IHR SEID JUNG!
彼女たちは酒を飲みます。
KANOJOTACHI HA SAKE WO NOMIMASU.
SIE TRINKEN SAKE.
UND DANACH ORDENTLICH ABSPÜLEN!
彼らはろてんぶろに座ります。
KARERA HA ROTENBURO NI SUWARIMASU.
SIE SITZEN IM AUSSENBAD.
子供たちは遊びます。
KODOMOTACHI HA ASOBIMASU.
DIE KINDER SPIELEN.
NACH DEM BAD WIRD GEGESSEN UND GESUNGEN...
AI AI AI I'M YOUR LITTLE BUTTERFLY...
みんなといっしょに風呂に入ります。
MINNA TO ISSHO NI OFURO NI HAIRIMASU.
ALLE BADEN GEMEINSAM IN EINEM BECKEN.

VOKABELLISTE – LEKTION 15

KANJI	SO WIRD ES GESCHRIEBEN	LESUNGEN	BEDEUTUNG
風	丿 几 凡 凡 凧 凬 風 風 風	フウ、フ、かぜ	WIND
呂	｜ ㄇ 口 口 吕 吕 呂 呂	ロ、リョ、せぼね、	RÜCKGRAT
女	く 女 女	ジョ、ニョ、ニョウ、おんな、	WEIBLICH, FRAU
男	｜ ㄇ 罒 田 田 男 男	ダンナ、ン、おとこ	MÄNNLICH, MANN
湯	丶 氵 氵 沪 沪 浧 浧 湯 湯 湯 湯	トウ、ゆ	HEISSES WASSER, BAD
酒	丶 氵 氵 汀 汀 沔 洒 酒 酒	さけ	SAKE (REISWEIN)
駄	｜ 厂 冂 馬 馬 馬 馬 駄 駄 駄	ダ	BESCHWERLICH; PACKPFERD
歳	丶 止 产 产 岸 岸 岸 歳 歳 歳 歳	さい	ZÄHLER FÜR JAHRE
供	ノ イ 仁 仕 供 供 供 供	キョウ、ども	ANGEBOT
好き	好 く 女 女 女 好 好	すき	MÖGEN
若い	若 一 十 艹 艹 芋 若 若 若	わかい	JUNG
手ぬぐい	手 一 二 三 手	てぬぐい	HANDTUCH
遊びます	遊 丶 亠 方 方 方 斿 斿 斿 游 遊	あそびます	SPIELEN
座ります	座 丶 亠 广 广 広 座 座 座	すわります	SITZEN
入ります	入 ノ 入	はいります	BETRETEN, EINSTEIGEN
彼女		かのじょ	SIE (WEIBL.)
駄目		だめ	VERBOTEN, NICHT ERLAUBT
子供		こども	KIND
たち			PLURALSUFFIX
日本人		にほんじん	JAPANER/IN
お風呂		おふろ	BAD
大好き		だいすき	LIEBEN
みんな			ALLE
ドイツ人		どいつじん	DEUTSCHE/R
わたします			GEBEN
ろてんぶろ			BAD IN THERMALQUELLE UNTER FREIEM HIMMEL

SHICHI GO SAN 七五三

FLEISSIGE BANZAI! LESER WISSEN, WAS DAS HEISST – NÄMLICH SIEBEN FÜNF DREI.

AM 15. NOVEMBER – ODER WENIGE TAGE DAVOR ODER DANACH, WEIL DIESER TAG KEIN OFFIZIELLER FEIERTAG IST – BRINGEN ELTERN IHRE MÄDCHEN ZUM SHINTO-SCHREIN, WENN SIE DREI ODER SIEBEN JAHRE ALT SIND, UND DIE JUNGS KOMMEN MIT, WENN SIE DREI ODER FÜNF SIND.

UNGERADE ZAHLEN BRINGEN GLÜCK, UND DARUM BETEN SIE DORT AUCH UM EIN LANGES LEBEN UND VIEL GLÜCK. DIE MÄDCHEN TRAGEN OFT FARBENPRÄCHTIGE KIMONOS MIT LANGEN ÄRMELN. DIE JUNGS HABEN EINE HAKAMA AN (EINE FALTENHOSE, WIE SIE HEUTE NOCH BEIM AIKIDO ODER KENDO GETRAGEN WIRD) UND EINE HAORI-JACKE DARÜBER. NACH DEM SCHREINBESUCH GIBT ES DAFÜR EINE LANGE TÜTE MIT CHITOSE-AME. DAS IST NATÜRLICH ALLES SEHR SYMBOLISCH, AUF DER TÜTE SIND KRANICHE UND SCHILDKRÖTEN, DIE FÜR EIN LANGES LEBEN STEHEN, UND CHITOSE AME SIND »TAUSEND JAHRE SÜSSIGKEITEN«. UND AUSSERDEM RECHT KNUSPRIG UND SÜSS.

IM MITTELALTER WAR DIESER BRAUCH DES KRIEGERADELS (SAMURAI) EIN SCHRITT IN DAS ERWACHSENEN-LEBEN: MIT DREI JAHREN WURDE DEN KINDERN NICHT MEHR WIE BABYS DAS HAAR RASIERT, SONDERN SIE DURFTEN ES WACHSEN LASSEN. MIT FÜNF DURFTEN DIE JUNGEN ZUM ERSTEN MAL EINE HAKAMA ANZIEHEN – WIE EIN GROSSER SAMURAI. MIT SIEBEN TRUGEN DIE MÄDCHEN ZUM ERSTEN MAL EINEN OBI-GÜRTEL.

SEIT DER MEIJI-ZEIT (1868 - 1912), EINER ZEIT DES RADIKALEN GESELLSCHAFTLICHEN UMBRUCHS, WIRD SHICHI GO SAN VON ALLEN JAPANERN GEFEIERT.

WIE MAN RICHTIG BADET:

WENN IHR IN JAPAN IN EIN ÖFFENTLICHES BAD WOLLT, GIBT ES EINIGES ZU BEACHTEN, DENN DAS BADEN IST EINE ERNSTE SACHE UND DABEI KANN MAN AUF VIEL MEHR AUSRUTSCHEN ALS NUR AUF ZU VIEL SEIFE.

1. BESORGT EUCH EINE KLEINE PLASTIKSCHÜSSEL, IN DIE IHR SHAMPOO, SPÜLUNG, DUSCHGEL (UND WAS IMMER IHR SONST NOCH SO BRAUCHT) PACKEN KÖNNT. LÄSSIG UNTER DEN ARM KLEMMEN.
2. NEHMT FÜR DEN NOTFALL EIN EIGENES HANDTUCH MIT, DENN DAS JAPANISCHE STANDARD-HANDTUCH IST WINZIG. WIRKLICH! AUSSERDEM BENUTZT MAN DAS KLEINE HANDTUCH AUCH EHER DAZU, SICH DAS GESICHT ABZUTUPFEN UND ES SICH AUF DEN KOPF ZU LEGEN, ALS GEWISSE KÖRPERTEILE ZU VERHÜLLEN.
3. MÄNNER UND FRAUEN BADEN GETRENNT.
4. BEVOR IHR GANZ IN DAS BECKEN MIT HEISSEM WASSER EINTAUCHT, WASCHT EUCH ORDENTLICH. ES IST NIEMALS ZU VIEL SEIFE. AUCH DIE HAARE. SCHRUBBT EUCH ORDENTLICH AB, DAS IST ERSTENS SEHR HÖFLICH UND SORGT ZWEITENS DAFÜR, DASS DAS WASSER IM BECKEN NICHT SCHMUTZIG WIRD.
5. UND BLOSS NICHT VOLLER SEIFE IN DAS BAD STEIGEN! LASST DIE PLASTIKSCHÜSSEL VOLLLAUFEN UND SCHÜTTET EUCH SO LANGE WASSER ÜBER DEN KOPF, BIS IHR QUIETSCHSAUBER SEID. DEN WASCHLAPPEN, MIT DEM IHR EUCH GESCHRUBBT HABT, BITTE AUCH NICHT MIT INS WASSER NEHMEN.
6. JETZT SEID IHR SAUBER GENUG, DAS BECKEN ZU BETRETEN.
7. DAS IST ABER SEHR HEISS.
8. ENTSPANNT EUCH.
9. JETZT BLOSS NICHT PUPSEN.

Vergangenheit und...
... roh wie Sushi

VERBEN MIT VERGANGENHEIT

ES GIBT NUR ZWEI ZEITEN IM JAPANISCHEN:

GEGENWART

UND

VERGANGENHEIT.

ALLES, WAS IHR FÜR DIE VERGANGENHEIT BRAUCHT, IST EIN »TA« BZW. IM FALL VON NEUTRAL-HÖFLICHEN VERBEN MIT »MASU« EIN »MASHITA«. DAS TAUSCHT IHR GEGEN DAS »MASU« AUS.

STATT »IKIMASU« ALSO »IKIMASHITA« – SO EINFACH IST DAS.

ZUM BEISPIEL:

IKIMASHITA – ICH GING

TABEMASHITA – ICH HABE GEGESSEN

YOMIMASHITA – ICH HABE GELESEN

IN DER NEGATION VERNEINT IHR DAS VERB MIT »MASEN« (SIEHE LEKTION 12) UND DANN KOMMT DIE VERGANGENHEITSFORM VON »DESU« DRAN, ALSO »DESHITA«.

ZUM BEISPIEL:

IKIMASEN-DESHITA – NICHT GEGANGEN

TABEMASEN-DESHITA – NICHT GEGESSEN

YOMIMASEN-DESHITA – NICHT GELESEN

16

VERBEN ROH WIE SUSHI

VERBEN MIT »MASU« SIND NEUTRAL-HÖFLICH. VERBEN IN DER »ROHFORM« SIND NICHT NEUTRAL, SONDERN EHER INFORMELL. DEN INFINITIV BRAUCHT IHR, WENN IHR MEHR MIT VERBEN VORHABT, ODER UNTER FREUNDEN SEID. LESEN WERDET IHR VERBEN IN ROHFORM AUCH OFT (Z. B. IN MANGA).

ZUERST:
WEG MIT DEM »MASU«!
DANN BLEIBT:

TABE –
YOMI –
NOMI –
KOTAE –

VERBSTÄMME, DIE AUF EINEN KONSONANTEN ENDEN, QUETSCHEN EIN »I« ZWISCHEN SICH UND DAS »MASU«. WIE ALSO HIER NOMI UND YOMI. DAS »I« MUSS AUCH NOCH WEG:

TABE
YOM
NOM
KOTAE

DIE ANDEREN, DIE AUF EINEN VOKAL ENDEN (ALSO TABE UND KOTAE), BEKOMMEN JETZT NOCH EIN »RU«:

TABERU
KOTAERU

ALLE ANDEREN BEKOMMEN NUR EIN »U«:

YOMU
NOMU

UND DAS IST DIE GRUNDFORM VON JAPANISCHEN VERBEN. IN DIESER FORM FINDET IHR DIE VERBEN AB JETZT AUCH AUF DER VOKABELLISTE.

NEGATION

WENN IHR ETWAS NICHT GETAN HABT, ALSO DAS VERB VERNEINEN WOLLT, DANN BEKOMMEN DIE VERBEN, DIE AUF EINEN KONSONANTEN ENDEN, NOCH EIN »A« VOR DAS VERNEINUNGS-NAI:

YOM – A – NAI
NOM – A – NAI

DIE ANDEREN BEKOMMEN NUR DAS »NAI«:

TABE – NAI
KOTAE – NAI

(UND WIE IHR DAS IN DIE VERGANGENHEIT BEKOMMT, STEHT IN LEKTION 19.)

VOKABELLISTE – LEKTION 16

KANJI	SO WIRD ES GESCHRIEBEN	LESUNGEN	BEDEUTUNG
邪	一 ㄷ ㄷ 牙 牙 牙' 邪 邪	ぜ、ジャ	BÖSE, SCHLECHTIGKEIT, ÜBEL, UNGERECHTIGKEIT
元	一 二 テ 元	ゲン、ガン、もと	URSPRUNG, ANFANG
気	ノ 𠂉 乍 气 気 気	キ、ケ、いき	GEIST, SEELE, LEBENSENERGIE
昨	丨 冂 日 日 日' 日' 昨 昨 昨	サク、キ	GESTERN, DAVOR
頑	二 テ 元 元 元 元 頑 頑 頑 頑 頑	ガン、かたく	HARTNÄCKIG, STUR
張	㇆ コ 弓 引 引 弡 弡 張 張 張 張	チョウ、は(る)、ば(り)	STRECKEN, SPANNEN
後	ノ 彡 彳 彳 彳 後 後 後 後	ゴ、コウ、あと、うしろ	DANACH, SPÄTER
説	二 三 言 言 言 言 言' 言' 説 説 説	セツ,ゼイ,と(く)	THEORIE, MEINUNG
明	丨 冂 日 日 明 明 明 明	メイ,ミョウ,あ(かり),あか(るい)	HELL, STRAHLEND
書	㇕ ㇓ 彐 聿 聿 聿 書 書 書 書	ショ, か(く)	SCHREIBEN
引く	㇆ コ 弓 引	ひく	SICH (EINE ERKÄLTUNG) ZUZIEHEN, AN ETWAS ZIEHEN
早く	丨 冂 日 日 旦 早	はやく	SCHNELL
遊ぶ	丶 亠 方 方 方 方 斿 斿 斿 遊	あそぶ	SPIELEN, SICH AMÜSIEREN
勝つ	丿 月 月 月 月 朕 朕 勝 勝 勝	かつ	GEWINNEN
次ぎ	丶 冫 冫 次 次 次	つぎ	NÄCHSTE/S/R
恐い	一 T 工 工 巩 巩 巩 恐 恐 恐	キョウ、おそ(ろしい)、こわ(い)	SCHRECKLICH, SCHAUDERHAFT
冷たい	丶 冫 冫 冫 冷 冷 冷	つめたい	KALT, KÜHL (FLÜSSIGKEITEN)
答える 答	⺮ ⺮ ⺮ ⺮ 笑 答 答 答 答 答	こたえる	ANTWORTEN
訪れます 訪	一 二 三 言 言 言 言 言' 訪 訪 訪	おとずれる	BESUCHEN

FLOSKELN

早く元気になってください！
はやくげんきになってください！
BITTE WERDE RASCH WIEDER GESUND!

また来て下さい！
またきてください！
KOMMT BALD WIEDER!

風邪 かぜ	ERKÄLTUNG	説明書 せつめいしょ	ANLEITUNG
元気 げんき	GESUND, MUNTER, LEBENDIG, LEBHAFT	ギター	GITARRE
ゲームセンター	SPIELHALLE	ひく	(MUSIKINSTRUMENT) SPIELEN
頑張る がんばる	ANSTRENGEN, SICH MÜHE GEBEN	見える みえる	ZU SEHEN SEIN, ETWAS SEHEN KÖNNEN
昨日 きのう	GESTERN		

GAMECENTER

JAPANISCHE SPIELHALLEN – SO WIE DAS GAMECENTER IN DIESEM KAPITEL – SIND MEIST MEHRERE STOCKWERKE HOCH UND VOLLER MENSCHEN. ÜBERALL TOBT EIN HÖLLISCHER LÄRM UND LICHTREFLEXE ZUCKEN DURCH DEN RAUM. VIELE SPIELHERSTELLER PROBIEREN HIER ERST MAL ETWAS AUS, BEVOR DIE SPIELE DANN FÜR EINE SPIELKONSOLE IN SERIE GEHEN. DARUM GIBT ES IM GAMECENTER OFT GANZ ERSTAUNLICHE DINGE, DIE ES MANCHMAL ZWAR AUF DIE SPIELKONSOLE, ABER GANZ SELTEN BIS NACH EUROPA SCHAFFEN.
MUSIKSPIELE WAREN IN DEN SPÄTEN 90ER-JAHREN DER HIT: BEIM TANZSPIEL »DANCE DANCE REVOLUTION«* MUSSTE DER SPIELER AUF EINER TANZFLÄCHE VOR EINEM BILDSCHIRM HERUMHÜPFEN UND DEN RICHTIGEN TAKT TREFFEN. BEI »GUITAR FREAKS**« GILT ES, MIT EINEM GITARREN-KONTROLLER DEN RICHTIGEN TON ZU TREFFEN. MIT DEN TROMMELSTÖCKEN VON »TAIKO NO TATSUJIN«*** IN DER HAND KANN MAN DEN RHYTHMUS AUF TRADITIONELLEN TROMMELN SCHLAGEN.
NATÜRLICH GIBT ES AUCH KONVENTIONELLERE SPIELE WIE BEAT'EM UPS UND LIGHTGUN SHOOTER UND GANZ SICHER FINDET JEDER ETWAS, WOFÜR SICH DIE 100 ODER 200 YEN PRO SPIEL LOHNEN.

*HIER ALS »DANCING STAGE EURO MIX« BEI KONAMI ERSCHIENEN
**NUR IN JAPAN BEI KONAMI ERSCHIENEN
***NUR IN JAPAN BEI NAMCO ERSCHIENEN

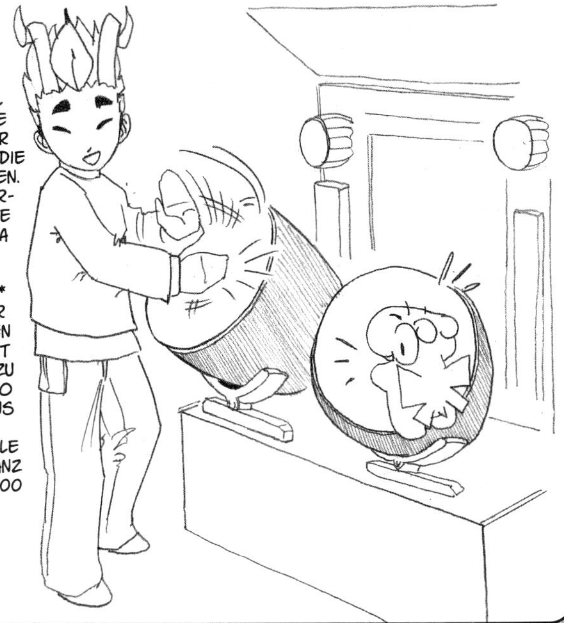

GEMÜTLICHKEIT UND WÄRME: KOTATSU

EIN KOTATSU IST EIN NIEDRIGER TISCH MIT HEIZELEMENT. DIE TISCHPLATTE IST ABNEHMBAR, DAMIT MAN EINE DICKE STEPPDECKE DARUNTERKLEMMEN KANN. ES IST SEHR WARM UND HEIMELIG, SICH IM WINTER MIT DER GANZEN FAMILIE UNTER EINEN KOTATSU ZU KUSCHELN, ZU LESEN, FERNZUSEHEN UND DABEI EINZUSCHLAFEN.

EIN KOTATSU IST AUCH MEIST DIE EINZIGE HEIZUNG IN EINER JAPANISCHEN WOHNUNG, DIE OFT NICHT BESONDERS GUT ISOLIERT IST UND SONST NUR EINE KLIMAANLAGE HAT, UM DIE ZIMMER AUFZUWÄRMEN. UND WEIL ES IM REST DES HAUSES EHER KÜHL IST, GIBT ES WENIG GRUND, VON NOVEMBER BIS MÄRZ IRGENDWO ANDERS SEIN ZU WOLLEN ALS UNTER DER DICKEN DECKE DES HEIZTISCHES.

Feiertag des Monats: Tenno Tanjoubi 23. Dezember

Der Geburtstag des Tenno ist ein offizieller Feiertag und bewegt sich jeweils mit dem regierenden Monarchen. Nach dem Tod des Kaisers bleibt sein Geburtstag aber oft als Feiertag – »Bunka no Hi« (Kulturtag). Am 3. November war der Geburtstag des Meiji Tenno (1852–1912), der 29. April war der Geburtstag des Showa Tenno (1901–1989) und ist heute »Midori no Hi«, der »Tag der Umwelt«. Der Geburtstag des aktuellen Kaisers Akihito ist der 23. Dezember und wird vermutlich auch als fester Feiertag erhalten bleiben.

Sprechende Ampeln

und Alltagsfloskeln

Lektion 17

17

MANGACAFE
MANGACAFE
ゆっくりご覧（らん）になって下さい！ YUKKURI GO RAN NI NATTE KUDASAI! SEHEN SIE SICH BITTE GRÜNDLICH UM!
いらっしゃいませ！ IRASSHAIMASE! WILLKOMMEN!
これはいかがですか？ KORE HA IKAGA DESUKA? WIE WÄRE ES DAMIT?
ZWEI STUNDEN SPÄTER...
お疲（つか）れさまでした！ O TSUKARESAMA DESHITA! ICH HABE SIE ERMÜDET! (WÖRTL.)
毎度（まいど）ありがとうございました！ MAIDO ARIGATO GOZAIMASHITA! JEDES MAL VIELEN DANK! (WÖRTL.) BITTE BEEHREN SIE UNS BALD WIEDER!
はいどうぞ！ HAI DOUZO! HALLO! JA BITTE!
ただいま！ TADAIMA! WIEDER ZU HAUSE!
お待（ま）たせしました！ O MATASESHIMASHITA! ICH HABE SIE WARTEN LASSEN!
いらっしゃいませ IRASSHAIMASE! WILLKOMMEN!
何名（なんめい）さまですか。 NANMEI SAMA DESUKA? WIE VIELE PERSONEN SIND SIE?
いただきます！ ITADAKIMASU! GUTEN APPETIT! (WÖRTL. ETWA »ICH BEDIENE MICH.«)
ごちそうさまでした！ GOCHISOSAMA DESHITA! ES WAR EIN FESTMAHL!

VOKABELLISTE – LEKTION 17

KANJI	SO WIRD ES GESCHRIEBEN	LESUNGEN	BEDEUTUNG
注		チュウ, そそ(ぐ),さ(す)	NOTIZ, ANMERKUNG
意		イ	IDEE, HERZ, GEDANKE, STIL
物		ブツ、もの	DING, GEGENSTAND
青		あお	BLAU (BLAUGRÜN)
毎		まい	JEDER, JEDE, JEDES
度		ど	MAL
待つ		まつ	WARTEN
ご覧 覧		ごらん	(HÖFLICH) SEHEN
疲れる 疲		つかれる	ERMÜDEN, ERSCHÖPFEN
忘れる		わすれる	VERGESSEN
ゆっくり			GRÜNDLICH
ただいま			WIEDER ZU HAUSE!

PHRASEN:

行って来ます いってきます	(BEIM WEGGEHEN VON ZU HAUSE) BIS SPÄTER!
ってらっしゃい!	(ALS ANTWORT, WENN ANDERE DAS HAUS VERLASSEN) KOMM BALD WIEDER!
いらっしゃいませ！	WILLKOMMEN!
ご注意下さい！ ごちゅういください！	BITTE GEBEN SIE ACHT!
お忘れ物のないようにご注意下さい！ おわすれもののないぞうにごちゅういください！	BITTE ACHTEN SIE DARAUF, NICHTS ZU VERGESSEN!
青！青になります！ あお！あおになります！	BLAU! ES WIRD BLAU!
ゆっくりご覧になってください！ ゆっくりごらんになってください！	SEHEN SIE SICH BITTE GRÜNDLICH UM!
これはいかがですか。	WIE WÄRE ES DAMIT?
はいどうぞ！	JA, BITTE!
お疲れさまでした！ おつかれさまでした！	(ICH HABE SIE ERMÜDET!) WENN MAN DIE HILFE DES ANDEREN LÄNGERE ZEIT IN ANSPRUCH GENOMMEN HAT, ODER NACH DER ARBEIT.
毎度ありがとうございました！ まいどありがとございました！	JEDES MAL VIELEN DANK!
何名さまですか。 なんめいさまですか。	(EINEN TISCH FÜR) WIE VIELE PERSONEN?
お待たせしました！ おまたせしました！	ICH HABE SIE WARTEN LASSEN! (HÖFLICHKEITSFLOSKEL)
ごちそうさまでした！	ES WAR EIN FESTMAHL!

Feiertage des Monats: 7. Januar Sieben Kräuter

Am 7. Januar gibt es in jedem traditionellen japanischen Haushalt Nana Gusa Gayu: Reisbrei mit sieben verschiedenen Kräutern beziehungsweise Gemüsen, nämlich Brunnenkresse, Ruhrkraut, Vogelmiere, Kohlrüben, Rettich und Taubnessel. Während diese früher noch selbst draußen gesammelt werden mussten, gibt es sie heute schick verpackt in jedem Supermarkt.

Die Kräuter sollen die Gesundheit (und Verdauung) fördern, ausserdem sind sie sehr mineralreich.

Auch nach dem ebenfalls sehr traditionellen Neujahrsfest-Marathon ist ein leichtes, leckeres Essen eine große Freude für den runden Bauch mit den Feiertagsrollen auf den Rippen.

Der Brauch der sieben Kräuter ist schon sehr alt und wird zuerst in einem Buch aus dem 9. Jahrhundert erwähnt. An dem Rezept und den Zutaten hat sich seitdem wenig verändert.

Die sieben Kräuter sollen auch den Anfang des Frühlings symbolisieren, obwohl es im Januar noch ziemlich kalt ist und auf Hokkaido im Norden Japans noch meterhoch Schnee liegt. Ganz im Süden, in Okinawa, fängt die Kirschblüte aber schon Mitte bis Ende Januar an – so weit ist der Frühling also nicht weg.

Schnell ein wenig Geschichte

Lektion 18

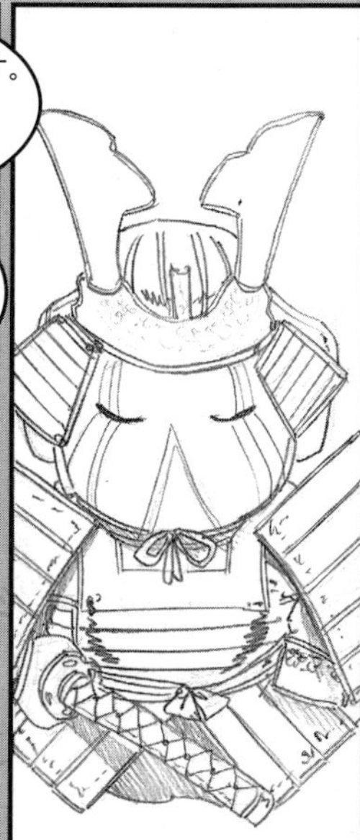

DER PARTIKEL »GA« MARKIERT DAS SUBJEKT. BITTE? DAS MACHT SCHON »HA«? STIMMT, GANZ GENAU. JETZT WIRD ES NÄMLICH WIEDER EIN WENIG KOMPLIZIERTER.

»HA« MARKIERT DAS THEMA EINES SATZES UND IST ETWAS SPEZIELLER ALS »GA«.

SUBJEKTE MIT »GA« SIND ALLGEMEINER UND WERDEN MIT »GA« MARKIERT, WENN SIE IM TEXT NEU EINGEFÜHRT WERDEN.

FRAGEWÖRTER WIE DARE, DONATA USW. WERDEN EBENFALLS MIT »GA« MARKIERT.

BEISPIELE:

AME GA FURIMASHITA.
ALLGEMEINE INFORMATION

WATASHI HA GAKUSEI DESU.
SPEZIELLE INFORMATION

DARE GA KIMASHITA KA?
ALLGEMEINE FRAGE

NAKAYAMA-SAN GA KIMASHITA.
NEUE INFORMATION

NAKAYAMA-SAN HA SENSEI DESU.
SPEZIELLE INFORMATION

18

DIE EPOCHEN-NAMEN WÄHLT DER KAISER AUS, ER ENTSCHEIDET AUCH, WANN DIE EPOCHE ANFÄNGT UND WANN DAMIT SCHLUSS IST.

EINIGE PERIODEN DER JAPANISCHEN GESCHICHTE SIND AUCH NACH DER STADT BENANNT, IN DER ZU DIESER ZEIT DIE HAUPTSTADT WAR: ZUM BEISPIEL NARA, HEIAN (KYOTO) ODER EDO (TOKYO).

HEUTE IST ES MEIST SO, DASS DIE EPOCHE DEN NAMEN DES KAISERS TRÄGT. DIESER EPOCHEN-NAME GILT, SOBALD DER KAISER SEIN AMT ANGETRETEN HAT BIS ZU SEINEM TODE.

IN JAPAN FUNKTIONIEREN KALENDER MANCHMAL ANDERS, WENN DIE JAHRESZAHL NICHT ALS Z. B. 1970 ANGEGEBEN IST, SONDERN ALS SHOWA 45. DIE TRADITIONELLE ZEITRECHNUNG FUNKTIONIERT NÄMLICH SO, DASS BEI JEDEM KAISER DER ZÄHLER AUF NULL GESETZT WIRD. SEIT 1989 HABEN WIR DIE HEISEI-PERIODE, 2007 IST ALSO HEISEI 19.

VOKABELLISTE – LEKTION 18

KANJI	SO WIRD ES GESCHRIEBEN	LESUNGEN	BEDEUTUNG
戦	⺍ ⺍ 𠮛 𠮛 ⺍ 当 単 単 戦 戦 戦	セン,いくさ, たたか(う)	KRIEG, SCHLACHT
争	ノ ク 𠂊 刍 刍 争	ソウ,あらそ(う)	STREIT, AUSEINANDERSETZUNG
禁	一 十 オ 木 林 林 埜 埜 禁 禁	キン	VERBOT
止	丨 ト 止 止	シ, と(まる),と(める)	STOPPEN, ANHALTEN
易	丨 冂 日 日 旦 㫐 易 易	エキ,イ, やさ(しい)	LEICHT, BEREIT SEIN, EINFACH
貿	ノ ㇇ 丣 卯 卯 貿 貿 貿 貿 貿	ボウ	HANDEL, AUSTAUSCH
外	ノ ク タ 外	ガイ,そと	DRAUSSEN
内	丨 冂 内 内	ナイ,ダイ,うち	DRINNEN
乱	ノ 二 千 千 舌 舌 乱	ラン,ロン	REVOLTE, AUFSTAND
天	一 二 チ 天	テン	HIMMEL, KAISERLICH
皇	ノ 丨 冂 白 白 皁 皇 皇 皇	コウ,オウ	KAISER
時	丨 П 日 日 旷 旪 昁 時 時 時	ジ,とき	ZEIT, STUNDE
代	ノ 亻 仁 代 代	ダイ,タイ	PERIODE, ÄRA
歴	一 厂 厂 厈 厈 厤 厤 厤 厤 歴 歴	レキ	ZEITVERLAUF, ZEITABSCHNITT
史	丨 冂 口 中 史	シ	GESCHICHTE, AUFZEICHNUNGEN
近	ノ 厂 斤 斤 䜣 䜣 近	キン,コン, ちか(い)	NAH, FRÜH
港	丶 冫 氵 氵 氵 洪 洪 洪 洪 港 港	みなと	HAFEN
維	𠃋 纟 幺 糸 糸 糸 糹 紨 綈 維 維	イ	SEIL
治める 治	丶 冫 氵 汁 汁 治 治 治	おさ(める)	REGIEREN, HERRSCHEN
初めて 初	丶 ク ネ 初 初	はじ(めて)	ANFANGS, ZUERST
建てる 建	フ ヨ ヨ 聿 聿 聿 建 建	た(てる)	BAUEN, ERRICHTEN
終わる 終	𠃋 纟 幺 糸 糸 糸 糹 約 終 終 終	お(わる)	ENDEN

VOKABELN – LEKTION 18

が	が	SUBJEKTPARTIKEL	治める	おさめる（おさめます）	REGIEREN
歴史	れきし	GESCHICHTE	外国	がいこく	AUSLAND
について		ÜBER (ETWAS REDEN)	貿易	ぼうえき	HANDEL
中国	ちゅうごく	CHINA	禁止	きんし	VERBOT
建てる	たてる（たてます）	BAUEN, ERRICHTEN	戦争	せんそう	KRIEG
生まれる	うまれる	GEBOREN WERDEN	港	みなと	HAFEN
天皇	てんのう	KAISER	開けます	あけます	ÖFFNEN
初めて	はじめて	ANFANGS, DIE ERSTEN	維新	いしん	REFORM
ポルトガル人	ぽるとがるじん	PORTUGIESEN	近代	きんだい	NEUZEIT
内乱	ないらん	BÜRGERKRIEG, REVOLTE	時代	じだい	ZEITALTER, EPOCHE, PERIODE

FRÖHLICHE MUSIK AN ALLEN ORTEN

JAPAN IST DAS LAND DER FRÖHLICHEN ERKENNUNGSMELODIE IN BESTER MIDI-QUALITÄT. ALLE BAHNHÖFE – OB JETZT U-BAHN ODER EISENBAHN – HABEN IHRE EIGENE, UNVERWECHSELBARE ERKENNUNGSMELODIE. DIESE KLÄNGE SOLLEN VERMUTLICH DIE ORIENTIERUNG ERLEICHTERN, DENN WENN MAN SICH DIE TONFOLGE EINMAL GEMERKT HAT, WEISS MAN SOFORT, WO MAN IST UND OB JETZT DIE RICHTIGE ZEIT ZUM UMSTEIGEN GEKOMMEN IST.

IST MAN AUSGESTIEGEN, GEHT ES GLEICH WEITER MIT DER MUSIKALISCHEN ALLTAGSUNTERMALUNG, DENN VIELE UNTERFÜHRUNGEN HABEN AUCH IHRE EIGENE ERKENNUNGSMELODIE, UND SO MANCHER BESUCHER AUS DEM AUSLAND ERKENNT LÄNGST VERGESSEN GEGLAUBTE KINDERLIEDER WIE »HÄNSCHEN KLEIN«.

MUSIK WIRD ABER AUCH ALS WARNUNG EINGESETZT: VIELE WAGEN SPIELEN BEIM RÜCKWÄRTSEINPARKEN EINE KLEINE MELODIE, MANCHE MÜLLWAGEN NUTZEN EIN FRÖHLICHES DUDELDEI AUCH, UM SÄUMIGE MÜLLRAUSBRINGER AUS DEN HÄUSERN ZU LOCKEN.

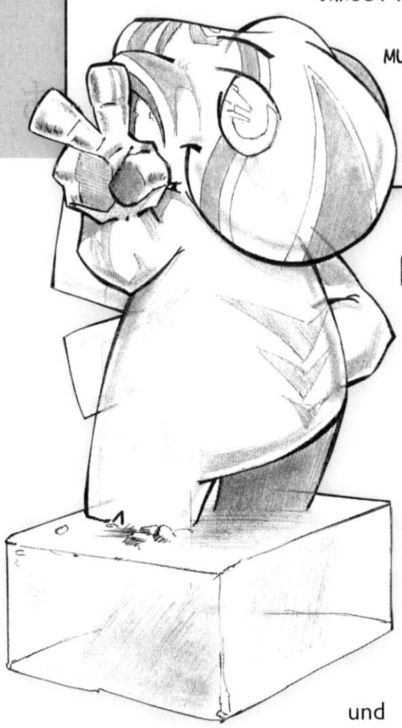

Feiertag des Monats: 5. bis 11. Februar Yuki Matsuri

Eigentlich gibt es gar keinen Grund, im Winter nach Hokkaido zu fahren. Der Schnee liegt meterhoch und es ist verdammt kalt. Also die besten Voraussetzungen für das jährliche Yuki Matsuri, das Schneefest in Sapporo.
Angefangen hat das Spektakel 1950, als ein paar Schüler sechs kleine Schneestatuen in den Odori-Park stellten. In Hokkaidos Hauptstadt feiert man vom 5. bis 11. Februar und baut gigantische Statuen und ganze Gebäude aus Schnee nach. Schlösser und Tempel werden fast in Originalgröße nachgebaut, die Künstler haben freie Themenwahl. Alles ist erlaubt, von Harry Potter über Pokémon bis zu japanischen Märchen und historischen Ereignissen sowie dem aktuellen Disneyfilm oder berühmten Stätten, wie zum Beispiel das Taj Mahal.
Nachts werden die Skulpturen prächtig illuminiert und sehen so noch märchenhafter aus, als es riesige Gebilde aus Eis sowieso schon tun.
Wenn ihr euch das Yuki Matsuri ansehen wollt, solltet ihr diese Reise unbedingt rechtzeitig buchen und planen, denn etwa zwei Millionen Menschen wollen jedes Jahr auch zum Yuki Matsuri.

Videospiele und Adjektive

Lektion 19

ZEITEN BEI ADJEKTIVEN

IM JAPANISCHEN HABEN NICHT NUR VERBEN ZEITEN, SONDERN AUCH ADJEKTIVE HABEN VERGANGENHEIT. DA KANN MAN DANN ALSO IN EINEM KOMPAKTEN WORT SAGEN, DASS ETWAS »GUT WAR«. PRAKTISCH, ODER? DAFÜR HÄNGT IHR EINFACH EIN »KATTA« HINTEN AN DIE GRUNDFORM DES ADJEKTIVS.

ALSO:

»I« WEG,

»KATTA« DRAN

KOWA-I => KOWA => KOWA+KATTA

WARU-I => WARU => WARU+KATTA

YO-I => YO => YO+KATTA

NOMINAL-ADJEKTIVE

NOMINAL-ADJEKTIVE SIND ADJEKTIVE, DIE SICH ZWAR SO ANFÜHLEN WIE ADJEKTIVE, ABER GRAMMATIKALISCH KEINE SIND. NOMINAL-ADJEKTIVE WERDEN NICHT GEBEUGT, SIE BEKOMMEN EIN »NA« UND DAS WAR'S.

SHIZUKA+NA »RUHIG«

NIGIYAKA+NA »LEBENDIG«

KIREI+NA »SCHÖN«

NEGIERT UND/ODER IN DIE VERGANGENHEIT GEBRACHT WIRD ES EINFACH MIT »DESHITA/DATTA«

ODER

»DE HA ARIMASENDESHITA/NAKATTA«.

(SIEHE LEKTION 16)

19

NEGATION

UM ADJEKTIVE ZU VERNEINEN, BRINGT IHR SIE ZUERST IN DIE ÜBLICHE NEGATIONSFORM, INDEM IHR »KU« UND »NAI« DRANHÄNGT.

KOWA-I => KOWA => KOWA+KU+NAI

WARU -I => WARU => WARU+KU+NAI

YO-I => YO => YO+KU+NAI

NEGATION IN DER VERGANGENHEIT

WER GENAU AUFGEPASST HAT, SIEHT JETZT DIE ADJEKTIV-ENDUNG »I« BEIM »NAI« UND AHNT SCHON, WIE MAN DAS JETZT IN DER VERGANGENHEIT NEGIERT: GENAU, DAS »I« WIRD DURCH EIN »KATTA« ERSETZT – RUBBELDIEKATZ.

KOWA-I => KOWA => KOWA+KU+NA+KATTA

WARU -I => WARU => WARU+KU+NA + KATTA

YO-I => YO => YO+KU+NA + KATTA

NOCH MAL DAS VERB

GENAUSO FUNKTIONIERT DAS AUCH MIT VERBEN IN DER KOLLEGIALEN FORM (SIEHE LEKTION 16). ZUERST BRINGT IHR DAS VERB IN DIE NORMALE NEGATION:

IKU -> IKA -> IKA + NAI

TABERU -> TABE -> NAI

YOMU -> YOMA -> NAI

DANN KOMMT NOCH DAS »I« WEG UND EIN KATTA DRAN, UND – FERTIG!

IKA+NA+KATTA – BIN NICHT GEGANGEN

TABE+NA+KATTA – HABE NICHT GEGESSEN

VOKABELLISTE – LEKTION 19

Kanji	So wird es geschrieben	Lesungen	Bedeutung
面		メン、ベン、おも、おもて	Oberfläche, Maske
白		ハク、ビャク、しろ、しら一、しろ(い)	Weiss
奇		キ、く(しき)、あや(しい)、めずら(しい)	Seltsam, kurios
麗		レイ、うるわ(しい)、うら(らか)	Liebenswert
楽しい 楽		たのしい	Angenehm, erfreulich, lustig, amüsant, glücklich
悪い 悪		わるい	Schlecht, schlimm, böse
静か 静		しずか	Ruhig, friedlich
賑やか 賑		にぎやか	Lebhaft, laut, gesellig, geschäftig
奇麗な		きれい	Schön, sauber
大好き		だいすき	Lieben
面白い		おもしろい	Interessant, amüsant
ゼルダ			Zelda (»Legend of Zelda«, Videospieltitel)
ゲーム			Videospiel
そんなに			So (in diesem Ausmass)
バイオハザード			Biohazard, Resident Evil (Videospieltitel)
グランツーリスモ			Gran Turismo (Videospieltitel)
ファイナルファンタジー			Final Fantasy (Videospieltitel)

O-BENTO

IN JAPAN SITZEN SCHÜLER OFT BIS ZUM NACHMITTAG IN DER SCHULE, DARUM BEKOMMEN SIE EIN O-BENTO MIT. EIN O-BENTO ODER BENTO IST SO IN ETWA DAS ÄQUIVALENT ZU »BUTTERBROT, OBST UND MILCH ODER SAFT«. ALLERDINGS IST ES FÜR VIELE JAPANISCHE MÜTTER EINE WISSENSCHAFT FÜR SICH, DENN EIN RICHTIGES O-BENTO MUSS FOLGENDES BEINHALTEN: REIS, PROTEINE (EI ODER FLEISCH), ZWEI VERSCHIEDENE GEMÜSE. DIE FARBEN SOLLTEN IN DER BOX GUT AUSBALANCIERT SEIN: WEISS, GRÜN, ROT UND BRAUN SOLLTEN DIE HAUPTFARBEN SEIN. WICHTIG IST AUCH, DASS EIN O-BENTO MEIST KALT GEGESSEN WIRD. EIN BENTO KANN BEISPIELSWEISE SO AUSSEHEN: 50% REIS, HUHN, SALAT, GEMÜSE, OBST. ODER ES SIND MINIVERSIONEN VON JAPANISCHEN GERICHTEN: KLEINE SPIESSCHEN, SUSHI, FISCH, YAKINIKU. HÜBSCH MUSS DAS GANZE NATÜRLICH AUCH SEIN, UND SO SIND VIELE BENTOS FÜR KLEINE KINDER IN FORM IHRER LIEBLINGSMANGASTARS: EIN PIKACHU ZUM MITTAG, ODER LIEBER DORAEMON?

JUGENDLICHE UND ERWACHSENE ESSEN IHR O-BENTO OHNE PIKACHU, DOCH VIELE 24-STUNDEN-CONVENIENCE-STORES (KOMBINI) BIETEN EBENFALLS ZAHLREICHE BENTO-VARIATIONEN AN. BESONDERS BERÜHMT SIND DIE EKI-BENTOS, DIE ES AN BAHNHÖFEN UND IN ZÜGEN ZU KAUFEN GIBT, DA SIE LOKALE SPEZIALITÄTEN ENTHALTEN.

Feiertag des Monats: 3. März

Tag des Ohrs

Der dritte Tag des dritten Monats ist in Japan der Tag des Ohrs. Das sagt eine Menge über japanischen Humor, denn »drei« kann ja (wie ihr seit Lektion 7 wisst) auch als »mitsu« gelesen werden. In Kombination mit anderen Schriftzeichen fällt dabei oft das »tsu« weg, übrig bleibt also das gelesene Datum »mimi« – Ohr. Und wenn der Tag sowieso schon so heißt, kann man auch gleich den passenden Gedenktag draus machen. Und deswegen gibt es seit 1956 den »Tag zur Erinnerung an bessere Ohrhygiene«.

Das ist übrigens keineswegs der einzige Tag, der sich um Körperteile dreht: Der 8. Juli ist der Tag der Nase und der 10. Oktober ist der Tag der Augenpflege. Der allerschönste Gedenktag ist aber der Tag des Schnauzbarts, der 8. August, der ist nämlich an diesem Tag, weil die »8« auf japanisch so aussieht »八«, und diese Form sieht ja schon aus wie ein Schnauzer.

Die Teezeremonie – höflich aussitzen

Lektion 20

DIE HONORARPRÄFIXE GO UND O

IN DIESER LEKTION LERNT IHR WIEDER ETWAS ÜBER HÖFLICHKEIT. WIE IHR JA SCHON WISST, KÖNNT IHR DAS ÜBER DIE VERBFORM AUSDRÜCKEN:

- VERB IN ROHFORM (U/RU) = VERTRAUT
- VERB + MASU = NEUTRAL-HÖFLICH

MAN KANN ABER AUCH NOMEN UND ADJEKTIVE HÖFLICHER MACHEN, UND ZWAR, INDEM MAN EIN »O« ODER »GO« DAVORHÄNGT.

»O« DAVOR BEI: REIN JAPANISCHEN WÖRTERN (ALSO IN KUN-YOMI)*

»GO« BEI CHINESISCH-JAPANISCHEN WÖRTERN (ALSO ON-YOMI)*.

LEIDER GIBT ES AUCH HIER AUSNAHMEN, DA MANCHE CHINESISCHEN WÖRTER NICHT MEHR ALS FREMD WAHRGENOMMEN WERDEN.

*SIEHE LEKTION 3

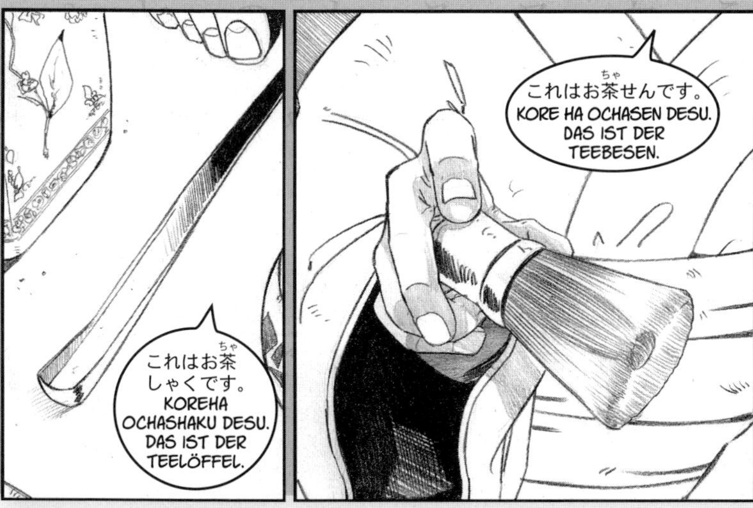

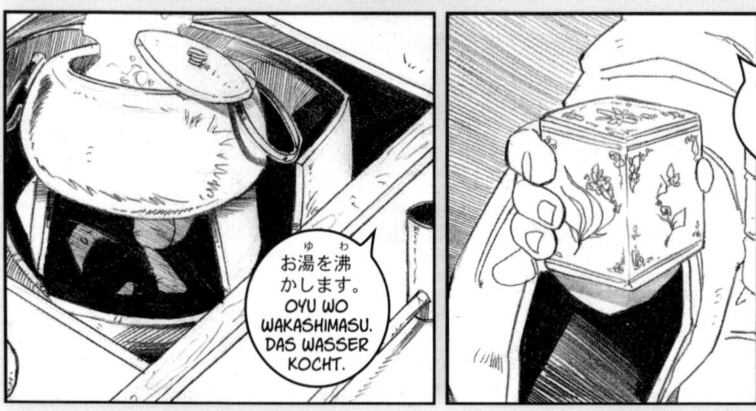

20

お菓子をどうぞ。 OKASHI WO DOUZO. BITTE NEHMT DIE SÜSSIGKEITEN.
茶巾はおきれいです。 CHAKIN HA OKIREI DESU. DAS TEETUCH IST HÜBSCH.
これはお茶巾です。 KORE HA OCHAKIN DESU. DAS IST DAS TEETUCH.
お茶の湯はお心がお静かになります。 OCHA NO YU HA OKOKORO GA OSHIZUKA NI NARIMASU. DIE TEEZEREMONIE MACHT DAS HERZ FRIEDLICH.
お茶の湯はご勉強ですね。 OCHA NO YU HA GO BENKYOU DESUNE. DIE TEEZEREMONIE IST EIN STUDIUM.
ZWEI STUNDEN SPÄTER...
KANNST DU DEINE BEINE SCHON WIEDER SPÜREN?
NOCH NICHT ...
お先に失礼します。 OSAKI NI SHITSUREISHIMASU. ICH NEHME MIR ZUERST.
ご親切ですね。 GOSHINSETSU DESUNE. (SEHR) FREUNDLICH.

VOKABELLISTE – LEKTION 20

KANJI	SO WIRD ES GESCHRIEBEN	LESUNGEN	BEDEUTUNG
御	彳 彳 彳 彳 彳 彳 彳 彳 御 御	ゴ	HÖFLICHKEITS-PRÄFIX
心	ノ ル 心 心	シン, こころ	HERZ, GEIST, SEELE
湯	氵 氵 氵 氵 氵 氵 氵 湯 湯 湯	トウ,ゆ	HEISSES WASSER
菓	一 十 艹 艹 艹 艹 艹 艹 菓 菓 菓	カ	FRUCHT, KUCHEN, SÜSSIGKEIT
教	一 十 土 耂 耂 孝 孝 孝 孝 教	キョウ, おし(える)	LEHRE, UNTERRICHT; LEHREN, UNTERRICHTEN
授	一 亅 扌 扌 扌 扌 扌 扌 授	ジュ	GEWÄHREN, UNTERRICHTEN
老	一 十 土 耂 耂 老	ロウ	ALT, ALT WERDEN
角	ノ ク 角 角 角 角 角	カク,かど,つの	ECKE, WINKEL
静か	十 土 青 青 青 青 青 青 静 静	しずか	RUHIG, STILL, FRIEDLICH
分かる	ノ 八 分 分	わかります わかる	VERSTEHEN, WISSEN
		どうぞ	BITTE
茶わん		ちゃわん	TEESCHALE
茶せん		ちゃせん	TEELÖFFEL (BEI TEEZEREMONIE)
茶しゃく		ちゃしゃく	TEEBESEN
		なつめ	TEEDOSE
		お, ご	HÖFLICHKEITS-PRÄFIX
お菓子		おかし	TEEZEREMONIE-SÜSSIGKEIT
お茶の湯		おちゃのゆ	TEEZEREMONIE
茶巾		ちゃきん	TEETUCH
		なります, なる	WERDEN
親切な		しんせつ(な)	FREUNDLICH

DIE TEEZEREMONIE

DER TEEMEISTER SEN NO RIKYU ENTWICKELTE IM 16. JAHRHUNDERT DIE EHERNEN REGELN DER TEEZEREMONIE, UND BIS HEUTE HAT SICH DARAN WENIG GEÄNDERT. WEGEN DES GROSSEN EINFLUSSES DES ZEN-BUDDHISMUS IST DIE TEEZEREMONIE FAST SCHON EINE MEDITATION. JEDE BEWEGUNG IST STRENG VORGESCHRIEBEN UND DIENT DEM RITUAL, KEINE BEWEGUNG IST ZUFÄLLIG ODER ÜBERFLÜSSIG. DIE TEEZEREMONIE HEISST ENTWEDER »HEISSES WASSER FÜR TEE« ODER »WEG DES TEES – SADO« – UND WIE BEI ALLEN JAPANISCHEN »WEGEN« (ALSO KENDO, JUDO, AIKIDO) IST BEI DIESER PHILOSOPHIE DER WEG DAS ZIEL. WICHTIG IST ALSO, SICH AUF DEM WEG DER LEHRE ZU BEFINDEN, ALSO SEIN LEBEN LANG AN SEINER VERVOLLKOMMNUNG ZU ARBEITEN, UND NICHT TATSÄCHLICH EINMAL VOLLKOMMEN ZU SEIN. EIN ZIEMLICHES ZEN-RÄTSEL, NICHT WAHR?

UM EINE TEEZEREMONIE WIRKLICH GENIESSEN ZU KÖNNEN, MUSS MAN FOLGENDES BERÜCKSICHTIGEN: MAN KNIET SEHR LANGE DABEI. DER TEE – MATCHA – IST SEHR BITTER UND NICHT UNBEDINGT JEDERMANNS GESCHMACK. DIE TEEZEREMONIE-SÜSSIGKEIT, DIE MAN VOR DEM BITTEREN TEE ISST, IST AUCH GEWÖHNUNGSBEDÜRFTIG. HAT MAN DIE GESCHMACKLICHEN DIFFERENZEN AUS DEM WEG GERÄUMT, BLEIBT DAS PROBLEM DES STUNDENLANGEN AUF DEN UNTERSCHENKELN-SITZENS. WER DAS NICHT SEIT FRÜHESTER JUGEND TRAINIERT, DEM STERBEN NACH SPÄTESTENS ZEHN MINUTEN DIE BEINE AB. IHR SOLLTET DANACH VORSICHTIG AUFSTEHEN UND LANGSAM MIT DEN ZEHEN WACKELN. WENN DAS BLUT WIEDER BESSER ZIRKULIERT, GEHT IHR GANZ, GANZ LANGSAM. IMMER EINEN FUSS VOR DEN ANDEREN. VORSICHTIG.

Feiertag des Monats: 8. April
Hanamatsuri

Am 8. April wurde einst Siddharta Gautama, besser bekannt als Buddha, geboren. Anders als bei Jesus' Geburtstag gibt es bei Buddhas Geburtstag keine Geschenke für alle. In Kindergärten, Kinderhorten und Tempeln wird das »Blumenfest«, wie Buddhas Geburtstag auch genannt wird, gefeiert. In Tempeln werden besondere Messen gehalten und Gläubige übergießen Buddhastatuen mit Amacha, einem besonderen süßen Tee.

Seit der Buddhismus im sechsten Jahrhundert über Indien, China und Korea nach Japan gekommen ist, sind die meisten Japaner in Religionsfragen sehr pragmatisch geworden: Die meisten sind gleichzeitig Shintoisten und Buddhisten. Geheiratet wird christlich (weil das viel schicker und romantischer ist) und shintoistisch, geboren und gelebt wird shintoistisch, und wenn es ans Sterben geht, wird es buddhistisch.

Patente Erfindungen ...
... und Partikel

Lektion 21

DER PARTIKEL »DE«

IN DIESER LEKTION DREHT SICH ALLES UM DEN PARTIKEL »で«.

MIT DEM PARTIKEL »DE« WIRD AUSGEDRÜCKT, DASS ETWAS ***MIT, FÜR, AUF, AUS, IN*** GESCHIEHT.

BENUTZT WIRD ER WIE JEDER ANDERE PARTIKEL AUCH, ALSO EINFACH HINTER DAS SUBSTANTIV GESCHRIEBEN, MIT (FÜR, AUF, AUS ETC.) DEM IHR ETWAS MACHT.

»DE« KANN ABER NOCH MEHR: ES MARKIERT AUCH NOCH DEN HANDLUNGSORT. Z. B.:

東京でたくさん買いました。

IN TOKYO HABE ICH VIEL GEKAUFT.

DER PARTIKEL »NI« MARKIERT ZWAR AUCH DEN ORT, ABER HAUPTSÄCHLICH DANN, WENN AN DIESEM ORT ETWAS EXISTIERT – ALSO:

東京にデパートがたくさんあります。

IN TOKYO GIBT ES VIELE KAUFHÄUSER.

21

眠りのヘルメットで地下鉄でよく眠ります。
NEMURI NO HERUMETTO DE SHIKATETSU DE YOKU NEMURIMASU.
MIT DEM NICKERCHEN-HELM KANN MAN IN DER U-BAHN GUT SCHLAFEN.
東京で起こしてください。
*BITTE WECKEN SIE MICH IN TOKYO.
バウリンガルで人は犬が分かります。
BAURINGARU DE HITO HA INU GA WAKARIMASU.
MIT DEM BOW-LINGUAL KANN DER MENSCH HUNDE VERSTEHEN.
つまらない!
*LANGWEILIG
寿司ロボットでたくさん寿司を作ります。
SUSHIROBOTTO DE TAKUSAN SUSHI WO TSUKURIMASU.
MIT DEM SUSHIROBOTER MACHT MAN VIEL SUSHI.
実は、私がロボットで…
JITSU HA, WATASHI GA ROBOTTO DE…
UM EHRLICH ZU SEIN, ICH WERDE MIT DEM ROBOTER…
…ロボットで世界を征服します!!!
… ROBOTTO DE SEKAI WO SEIFUKUSHIMASU!!!
… MIT DEM ROBOTER EROBERE ICH DIE WELT!!!
アスタラヴィスタ、ベイビー
HASTA LA VISTA, BABY!
君の服
KIMI NO FUKU
DEINE KLEIDUNG!
君のブーツ
KIMI NO BUUTSU
DEINE STIEFEL!
君のオートバイ
KIMI NO OOTOBAI
DEIN MOTORRAD!

VOKABELLISTE – LEKTION 21

KANJI	SO WIRD ES GESCHRIEBEN	LESUNGEN	BEDEUTUNG
博	一 十 十 忄 忄 忄 恒 悑 悑 愽 博	ハク,バク	AUSSTELLUNG, WERTSCHÄTZUNG
館	ノ 𠆢 今 今 食 食 食 食 飠 館 館	カン, やかた,たて	PALAST, GROSSES GEBÄUDE, HALLE
島	ˊ 丨 户 户 户 阜 鳥 鳥 島 島	トウ,しま	INSEL
伝	亻 亻 仁 伝 伝	デン,テン, つた(わる)	HELFEN; TRADITION, LEGENDE
犬	一 ナ 大 犬	ケン,いぬ	HUND
司	㇆ ㇆ 司 司 司	シ,つかさど(る)	OFFIZIELL
実	ˋ ˋˊ 宀 宀 宁 宔 実 実	ジツ,シツ	WAHRHEIT, TATSÄCHLICH, WIRKLICHKEIT
世	一 十 廿 廿 世	セイ,セ,よ	WELT, GESELLSCHAFT, ÖFFENTLICHKEIT
界	丨 冂 冊 田 田 甲 畀 界 界	カイ	WELT
君	㇇ ⺕ ⺕ 尹 尹 君 君	クン,きみ	DU (VERTRAUTE FORM), -KUN (NAMENSSUFFIX FÜR JUNGEN UND MÄNNER)
服	丿 刀 月 月 肌 服 服 服	フク	KLEIDUNG
寿	一 二 三 夫 寿 寿	ジュ,ス	LANGLEBIGKEIT, GRATULATION
起こす	十 土 キ 丰 走 走 起 起 起	お(こす)	WECKEN

バス	BUS	四角い しかくい	VIERECKIG
で	PARTIKEL – MIT, AUF, WEGEN	手伝う てつだう	HELFEN
ブーツ	STIEFEL	老人 ろうじん	ALTE MENSCHEN
オートバイ	MOTORRAD	教授 きょうじゅ	PROFESSOR
すいか	WASSERMELONE	島本 しまもと	SHIMAMOTO (NAME)
ロボット	ROBOTER	博物館 はくぶつかん	MUSEUM
世界 せかい	WELT	けれども	ABER
寿司 すし	SUSHI		

CHINDOGU

»CHINDOGU« SIND ERSTAUNLICHE DINGE, DIE AUF DEN ERSTEN BLICK WAHNSINNIG NÜTZLICH UND SINNVOLL AUSSEHEN, SICH AUF DEN ZWEITEN BLICK ABER OFT ALS HOCHNOTPEINLICH ENTPUPPEN ODER DOCH NICHT GANZ SO SINNVOLL SIND.

»CHINDOGU« HEISST SO VIEL WIE »MERKWÜRDIGES WERKZEUG« UND IST DIE KUNST, FAST SINNLOSE DINGE ZU ERFINDEN UND DABEI ANARCHISCHEN SPASS ZU HABEN. LAUT CHINDOGU-OBERERFINDER KENJI KAWAKAMI MÜSSEN CHINDOGU EINIGE BEDINGUNGEN ERFÜLLEN – UNTER ANDEREM DÜRFEN SIE KEINEN PRAKTISCHEN NUTZEN HABEN, MÜSSEN ABER EINE FUNKTION ERFÜLLEN, DÜRFEN WEDER EIN PATENT TRAGEN NOCH KÄUFLICH SEIN.

EINE DER ERFINDUNGEN IN DER GESCHICHTE AUF DEN VORHERGEGANGENEN SEITEN IST AUCH EIN CHINDOGU – DER U-BAHN-NICKERCHEN-HELM. EIGENTLICH WÄRE ER JA GANZ PRAKTISCH, MAN KÖNNTE RUHIG IN DER BAHN EIN SCHLÄFCHEN HALTEN, OHNE EINEM FREMDEN AUF DIE SCHULTER ZU RUTSCHEN. ANDERERSEITS LÄSST DER HELM EINEN AUCH ZIEMLICH ALBERN AUSSEHEN.

UND GENAU DARUM GEHT ES DABEI: ALBERN SEIN UND DINGE ERFINDEN, NUR SO ZUM SPASS.

Feiertag des Monats: 9. Mai Tag der Eiscreme

Der Tag der Eiscreme ist natürlich kein offizieller Feiertag, aber trotzdem ein schöner Gedenktag in japanischen Eiscafés. Am 9. Mai 1869 (oder meiji 2) wurde in Yokohama das erste Eis Japans hergestellt. Fusaso Machida hatte in Amerika die Zubereitung von Eiscreme gelernt und war damit wieder nach Hause zurückgekehrt. Anfangs war Eis nur etwas für die reiche Oberschicht, erst mit der Erfindung einer Gefriermaschine wurde es weltweit zur Süßigkeit für jedermann.

In Japan werden aber nicht nur traditionelle amerikanische Eissorten produziert, sondern auch für den westlichen Geschmack recht überraschende Sorten: Grüner-Tee-Eis, Sesam-Eis und Azuki-Bohnen-Eis gehören zum Standardprogramm eines japanischen Eiscafés. Nicht so ganz zum Standard gehören folgende Spezialitäten: Wasabi, Süßkartoffel, Krabben, Shrimps, Aal, Chicken Wings, Miso-Suppen, Aubergine, Mais und Seepolyp.

Wem das zu viel ist, der kann sich mit türkischem Nougat, Ananas-Nuss, Jungle Banana oder Franzbrötchen-(Zimtschnecken)-Eis trösten.

Spuk von fern und nah
– Koko, Soko, Asoko, Doko

Lektion 22

KO – SO – A – DO

HIER UND DA UND WEITER WEG: PRÄZISE UND PRAKTISCH LERNT IHR IN DIESER LEKTION, WIE MAN DIE RICHTIGE ENTFERNUNG RICHTIG BENENNT. UND ZWAR MIT KO – SO – A – DO.

KO: HIER, ALLES, WAS NAH IST.

KOKO: HIER

KORE: DAS HIER

SO: MITTELWEITE ENTFERNUNG, NICHT NAH, ABER AUCH NICHT WEIT WEG.

SOKO: DORT (WEITER WEG)

SORE: DER, DIE, DAS, DORT

A: GROSSE ENTFERNUNG, WEIT WEG

ASOKO: DAHINTEN

ARE: DAS DAHINTEN

DO: FRAGEWORT

DOKO: WO?

DOCCHI: WELCHES?

WENN IHR KO – SO – A – DO SEHT, KÖNNT IHR ALSO SCHON ABSCHÄTZEN, IN WELCHER ENTFERNUNG SICH ETWAS/JEMAND VOM SPRECHER BEFINDET. PRAKTISCH, ODER?

22

あそこ！エスカレータがあります！
ASOKO! ESUKAREETA GA ARIMASU! DA VORNE! DA IST DER FAHRSTUHL!
このビルは呪(のろ)われた！
KONO BIRU HA NOROWARETA! DAS GEBÄUDE IST VERFLUCHT!
なに！
WAS!
幽霊(ゆうれい)！化(ば)け物(もの)！
YUUREI! BAKEMONO! GEISTER! MONSTER!
ここは安心(あんしん)です。多分(たぶん)。
KOKO HA ANSHIN DESU. TABUN. HIER IST ES SICHER. VIELLEICHT.
あのビルは呪(のろ)われた…
ANO BIRU HA NOROWARETA... DIESES GEBÄUDE IST VERFLUCHT...
誰(だれ)かいますか。
DARE KA IMASUKA? IST (HIER) IRGENDJEMAND?
あなたは、そこを見(み)えますか。
ANATA HA, SOKO WO MIEMASUKA? DU, SIEHST DU DAS DA?
これは幽霊(ゆうれい)ですか。
KORE HA YUUREI DESUKA? SIND DAS GEISTER?
あそこを見(み)えますか。
ASOKO WO MIEMASUKA? SIEHST DU DAS DA?
私(わたし)は恐(こわ)いです。
WATASHI HA KOWAI DESU. ICH HABE ANGST.
あの人(ひと)を見(み)えましたか？そこ？
ANO HITO WO MIEMASHITAKA? SOKO? HAST DU DEN GESEHEN? DAHINTEN?
失礼(しつれい)します
SHITSUREISHIMASU... ENTSCHULDIGEN SIE...

VOKABELLISTE – LEKTION 22

KANJI	SO WIRD ES GESCHRIEBEN	LESUNGEN	BEDEUTUNG
幽	幽	ユウ	ABSONDERN
霊	霊	レイ, リョウ, たま	GEIST, SEELE
屋	屋	オク, や	DACH, HAUS, LADEN, HÄNDLER
化	化	カ, ケ	DIE FORM ANNEHMEN VON, EINFLUSS, VERZAUBERN, VERÄNDERUNG
殺	殺	サツ, サイ, ころ(す)	TÖTEN, ERMORDEN
安	安	アン, やす(い)	BILLIG; FRIEDLICH, FRIEDEN
自	自	ジシ	SELBST
多	多	タ, おお(い)	VIELE
上	上	うえ	OBEN
者	者	シャ, もの	PERSON
同じ	同	おなじ	GLEICH
待つ	待	まつ	WARTEN
助ける	助	たすける	RETTEN

サンシャインビル	SUNSHINE BUILDING (WOLKENKRATZER IN TOKYO)	幽霊 ゆうれい	GEIST, GESPENST
ビル	GEBÄUDE (ABGEKÜRZT VON ENGL.: »BUILDING« – BIRUDINGU – BIRU)	屋根 やね	DACH, HAUSDACH
あそこ	DORT (GANZ WEIT WEG)	化け物 ばけもの	MONSTER
ここ	HIER	安心 あんしん	SICHERHEIT
どこ	WO	多分 たぶん	VIELLEICHT
そこ	DORT (WEIT WEG, MITTLERE ENTFERNUNG)	自殺者 じさつしゃ	SELBSTMÖRDER
エスカレー多	FAHRSTUHL (ENGL. ESCALATOR)		

WIE MAN DIE SOMMERHITZE ÜBERLEBT

IN JAPAN KANN ES IM SOMMER SEHR HEISS WERDEN, UND HOHE LUFTFEUCHTIGKEIT IST AUCH NICHT JEDERMANNS DING. WOHL ALSO DEM, DER SICH STETS IN DER NÄHE EINER KLIMAANLAGE WEISS. EIN FÄCHER IST DA NICHT NUR SCHICK, SONDERN AUCH PRAKTISCH. WIE IN VIELEN LÄNDERN, IN DENEN ES SEHR WARM IST, SIND DIE KLIMAANLAGEN ABER MEIST AUF ANTARKTIS GESTELLT – UND DAS IST NICHTS FÜR LEUTE MIT EINEM SCHWACHEN KREISLAUF.

EBENFALLS NICHTS FÜR SCHWACHE GEMÜTER IST EINE DER GROSSEN SOMMERTRADITIONEN – VOR ALLEM WÄHREND DER REGENZEIT: DAS ERZÄHLEN VON GEISTERGESCHICHTEN. DAMIT EINEM WENIGSTENS SO MAL EIN KALTER SCHAUER ÜBER DEN RÜCKEN RINNT. IM SUNSHINE BUILDING IN IKEBUKURO, TOKYO, SOLL ES ÜBRIGENS TATSÄCHLICH SPUKEN. DER WOLKENKRATZER IST AUF DEM GELÄNDE EINES ALTEN GEFÄNGNISSES GEBAUT WORDEN, IN DEM 1984 SIEBEN KRIEGSVERBRECHER HINGERICHTET WURDEN. VIEL IST VON GEISTERHAFTEN ERSCHEINUNGEN DORT BERICHTET WORDEN, UND UFOS – ODER GEISTERHAFTE LICHTER? – HAT MAN DORT IM AUGUST 1979 GESEHEN…

Feiertag des Monats: 気象記念日

1. Juni Der Tag des Wetters

Am 1. Juni ist der »Tag des Wetters«. 1875 wurde die erste Wetterstation in Tokyo eröffnet, seither gibt es meteorologische Aufzeichnungen des Wetters in Japan. Und seitdem gibt es auch täglich Wettervorhersagen und, falls nötig, auch Erdbebenwarnungen.

Japanische Wettervorhersagen sind außerordentlich präzise und das Wetter ist meist erstaunlich pünktlich. Japan hat vier ausgeprägte Jahreszeiten, auf die alle so stolz sind, als wäre Japan das einzige Land dieser Erde, das mit diesem ganz besonderen Klima gesegnet ist. Von Norden (Hokkaido) bis Süden (Okinawa) gibt es auch eine ganze Bandbreite an Klimazonen auf den schmalen Inseln – von sibirisch-frisch mit langen und kalten Wintern im Norden bis zu Südsee-tropisch im Süden.

*KOBE-NIKU: RINDFLEISCH AUS KOBE. EINE DELIKATESSE.

UND?

EINFACH SO »UND« SAGEN IST NICHT SO EINFACH, WIE ES AUSSIEHT.

MIT »TO« UND »YA« KÖNNT IHR NOMEN IN EINER AUFZÄHLUNG VERBINDEN, ALSO A UND B UND C UND D UND SO WEITER.

DER UNTERSCHIED – UND DAS IST WICHTIG – IST FOLGENDER:

»TO« IST EINE ENDGÜLTIGE, GESCHLOSSENE AUFZÄHLUNG, A UND B UND C UND SONST NICHTS, BASTA.

»YA« IST EINE OFFENE AUFZÄHLUNG MIT LEICHTEM »UND SO« CHARAKTER, ALSO A UND B UND C UND NOCH ALL SO WAS IN DER ART.

23

*WÖRTL.: ... SIND SCHWACH GEGEN MILCH UND ALKOHOL

KANJI	SO WIRD ES GESCHRIEBEN	LESUNGEN	BEDEUTUNG
肉	丨 冂 内 内 肉 肉	にく	FLEISCH
駅	丨 ㄏ ㄇ 馬 馬 馬 馬 馬 駅 駅	エキ	BAHNHOF
皆	一 上 上 比 比 毕 皆 皆 皆	カイ,みな, みんな	ALLE, ALLES
侍	丿 亻 仁 仕 仕 佳 侍 侍	ジ, シ,さむらい, はべ(る)	SAMURAI, JMD. AUFWARTEN, DIENEN, BEDIENEN
芸	一 十 艹 艹 芏 芸 芸	ゲイ, わざ	KUNST, KUNSTHANDWERK
牛	丿 𠂉 二 牛	ギュウ、うし	KUH
乳	一 一 宀 爫 孚 孚 孚 乳	ニュウ、ちち	MILCH, BRUST
集	丿 亻 亻 仁 仕 件 隹 隹 隹 隼 集	シュウ、あつ(まる)、あつ(める)	(VER)SAMMELN, TREFFEN
員	丨 冂 口 尸 吕 員 員 員 員 員	イン	ANGESTELLTER
新	亠 立 立 立 辛 辛 亲 新 新 新 新	シン、あたら(しい)	NEU
幹	一 十 古 古 直 卓 卓 幹 幹 幹 幹	カン、みき	BAUMSTAMM, HAUPTTEIL
線	乙 幺 幺 糸 糸 糸 紿 綿 綿 線 線	セン、すじ	SCHIENE
押	一 扌 扌 扌 扣 扣 押 押	オウ、お(す)	SCHIEBEN
知る	丿 𠂉 二 午 矢 知 知 知	しる	WISSEN, KENNEN
考える	一 十 土 耂 考 考	かんがえる	(NACH)DENKEN

と	(PARTIKEL) UND	カラオケ	KARAOKE
や	(PARTIKEL) UND	カプセルホテル	KAPSEL-HOTEL
ドイツ人 どいつじん	DEUTSCHE/R	ビデオカメラ	VIDEOKAMERA
のり	SEETANG	カメラ	FOTOAPPARAT
あまり + V-ない (V-ません)	NICHT SO… NICHT SEHR	牛乳 ぎゅうにゅう	MILCH
よく	GUT	駅員 えきいん	BAHNHOFSANGESTELLTER
から	WEIL	新幹線 しんかんせん	SHINKANSEN, (HOCHGESCHWINDIGKEITSZUG)
もっと	MEHR	押す おす	SCHIEBEN, SCHUBSEN, DRÜCKEN
アルコール	ALKOHOL	芸者 げいしゃ	GEISHA

Godzilla

ゴジラ

Seit 1954 treibt **Godzilla** sein Unwesen auf Kinoleinwänden und Fernsehschirmen – in mehr als 50 Jahren hat das Monster in mittlerweile 28 Filmen mitgespielt. Und auch in einem amerikanischen Spielfilm unter der Regie von Roland Emmerich. Dieser »**Godzilla**«, der eigentlich »**Gojira**« heißt, war zwar ein großer kommerzieller Erfolg in Japan, doch viele vermissten den Charme des altbekannten Ungeheuers im Gummikostüm.
»**Gojira – Final Wars**« sollte 2004 als Jubiläumsfilm ein furioses Finale setzen – aber ist das wirklich das Ende des beliebtesten Monsters aller Zeiten?

Feiertag ... des Monats: 20. Juli...

Der »Tag des Meeres«, der 20. Juli, ist seit 1996 ein nationaler Feiertag. An diesem Tag soll die große Bedeutung des Meeres für Japan im Mittelpunkt stehen, viele fahren also ans Meer oder gehen in Aquarien. Außerdem beginnen am 20. Juli die Sommerferien an japanischen Schulen.

... der Tag des Meeres

海の日

Otaku-Jagd – mit »He« unterwegs

PARTIKEL »HE«

DAS ERSTE, WAS IHR ÜBER DEN PARTIKEL »HE« WISSEN MÜSST, IST, DASS MAN IHN WIE »E« AUSSPRICHT. (ÄHNLICH WIE DER PARTIKEL »WO«, DEN SPRICHT MAN JA AUCH »O« AUS).

»HE« IST EIN RICHTUNGSPARTIKEL, ER KLEBT ALSO AN DEM WORT/ORT, IN DESSEN RICHTUNG ES GEHT – ALSO NACH KYOTO, ZU IKEA UND SO WEITER.

DER ADRESSAT EINES BRIEFES BEKOMMT AUCH EIN »HE« HINTENDRAN.

WENN EUCH DAS BEKANNT VORKOMMT: DER PARTIKEL »NI« ERFÜLLT EINE GANZ ÄHNLICHE FUNKTION.

WENN ES UM RICHTUNG UND ORT GEHT, KANN MAN BEIDE FAST SCHON ALTERNATIV BENUTZEN.

24

カラオケボックス
カラオケボックスへ行きません。
KARAOKEBOKKSU HE IKIMASEN.
ER GEHT NICHT ZUR KARAOKE-BOX.
CAF
彼は漫画喫茶店へ行きません。
KARE HA MANGAKISSATEN HE IKIMASEN.
ER GEHT NICHT ZUM MANGACAFÉ.
彼は多分お宅ではないですね。
KARE HA TABUN OTAKU DEHA NAI DESUNE.
ER IST VIELLEICHT KEIN OTAKU.
彼はラーメン屋産へ行きません。
KARE HA RAMENYASAN HE IKIMASEN.
ER GEHT NICHT ZUM RAMEN-NUDELLADEN.
ラーメンショップ
ニルスさんは、お宅でしょう？
NIRUSUSAN HA, OTAKU DESHOU?
NILS SCHEINT EIN OTAKU ZU SEIN, WAS?
お宅です！大変！
OTAKU DESU! TAIHEN!
ER IST EIN OTAKU! WIE SCHRECKLICH!
どこへ行きますか。
DOKO HE IKIMASUKA?
WOHIN GEHT ER?
地下鉄に行きます！
CHIKATETSU NI IKIMASU!
ER GEHT IN DIE U-BAHN!
COMICET
コミケへ行きます。
KOMIKE HE IKIMASU.
ER GEHT ZUR COMIKET.
KYO BIG
東京ビッグサイトへ行きます。
TOUKYOU BIGGUSAITO HE IKIMASU.
ER GEHT ZU TOKYO BIG SIGHT!

VOKABELLISTE – LEKTION 24

KANJI	SO WIRD ES GESCHRIEBEN	LESUNGEN	BEDEUTUNG
変		ヘン, か(わる), か(える)	UNGEWÖHNLICH, MERKWÜRDIG
前		ゼン, まえ	VOR, DAVOR, VORHER
外		ガイ, ゲ, そと, ほか	DRAUSSEN
普		フ	GENERELL, ALLGEMEIN
通		ツウ, ツ, とお(り)	STRASSE, WEG
最		サイ, シュ, もっと(も)	AM MEISTEN
近		キン, コン, ちか(い)	NAH, FRÜH
秋		シュウ, あき	HERBST
葉		ヨウ, は	BLATT, (VORNAME VON SHAMAN KING YO ASAKURA)
原		ゲン, はら	WIESE, EBENE
部		ブー, べ	ABTEILUNG
漫		マン	CARTOON, UNWILLKÜRLICH
画		ガ、カク、エ、えが(く)	(PINSEL)STRICH, BILD
喫		キツ	ESSEN, TRINKEN, RAUCHEN
店		テン、みせ	LADEN, GESCHÄFT
少し		ショウ, すく(ない), すこ(し)	EIN WENIG, ETWAS, EIN BISSCHEN
お宅		オタク おたく	OTAKU, NERD
お便り		おたより	NACHRICHT, BRIEF, SCHREIBEN

へ	HIN, ZU, NACH	秋葉原 あきはばら	AKIHABARA (STADTTEIL VON TOKYO, »ELECTRIC TOWN«)
もう	SCHON, NOCH	部屋 へや	ZIMMER, RAUM
コミケ	COMIC-MARKET (SIEHE TEXT S. 99)	お便り おたより	LESERBRIEF
でしょう	SCHEINT SO	漫画 まんが	MANGA
普通 ふつう	GEWÖHNLICH, NORMAL	喫茶店 きっさてん	CAFÉ
最近 さいきん	KÜRZLICH, LETZTENS		

COMIKET

IM AUGUST LOCKT DIE COMIKET – KURZ FÜR COMIC-MARKET – WIEDER NACH TOKYO BIG SIGHT. HIER GIBT ES NICHT NUR VIELE INTERESSANTE COSPLAYS ZU SEHEN, SONDERN AUCH DOUJINSHI (FAN-MANGA) ZU KAUFEN. VIELE GROSSE MANGA-ZEICHNER HABEN IHRE KARRIERE SO ANGEFANGEN.

OTAKUS ESSEN CUP NOODLES

CUP NOODLES SIND DAS IDEALE OTAKU-ESSEN: MAN BRAUCHT KEIN GESCHIRR UND ES GEHT BLITZSCHNELL: PLASTIKDECKEL ÖFFNEN, HEISSES WASSER DRAUF-GIESSEN, MAHLZEIT. AUSSERDEM GIBT ES CUP NOODLES IN SO VIELEN VERSCHIEDENEN GESCHMACKSVARIANTEN, DASS MAN NICHT ZWEIMAL DASSELBE ESSEN MUSS. HUHN, PILZE, KRABBEN, MAIS, CURRY UND SCHINKEN GEHÖREN ZU DEN STANDARDSORTEN, DAZU KOMMEN KALTE NUDELSORTEN IM SOMMER, NEUE ARTEN (WIE CHILI-TOFU ODER KNOBLAUCH) KOMMEN AUCH REGELMÄSSIG DAZU. UND DAS BESTE DARAN IST: DIE MEISTEN DAVON KÖNNT IHR IN JEDEM ASIEN-SUPERMARKT FINDEN.

OTAKU

WÄHREND ES HIER ALS ZIEMLICH COOL GILT, »OTAKU« ZU SEIN, IST MAN IN JAPAN WENIG VON DEN STUBENHOCKERN BEGEISTERT. OTAKUS GELTEN ALS NICHT GESELLSCHAFTSFÄHIG IM HÄRTESTEN SINNE: DIE MEISTE ZEIT SITZEN SIE IN IHRER WOHNUNG (ODER IM ZIMMER IN DER WOHNUNG DER ELTERN). STATT UM STUDIUM, JOB ODER FREUNDE KÜMMERN SICH DIESE JUNGS NUR UM EINS: IHR HOBBY MIT BESESSEN-HEIT AUSZULEBEN. EGAL OB ES DABEI UM COMPUTER PROGRAMMIEREN ODER DAS BEMALEN VON ANIME-FIGUREN GEHT. ALLES ANDERE IST IHNEN EGAL, KÖRPERPFLEGE ODER ERNÄHRUNG SIND NIE SO WICHTIG WIE DAS NEUESTE OBJEKT DER BEGIERDE.
UND DAVON GIBT ES REICHLICH IN AKIHABARA, DAS SICH IN DEN LETZTEN JAHREN VOM MEKKA DER COMPUTERNERDS (AUCH DAS SIND OTAKUS) ZUM EINEM MAGNETEN FÜR ANIME- UND MANGAFANS ENTWICKELT HAT. DER STADTTEIL TOKYOS, DER ALS »ELECTRIC TOWN« BERÜHMT WURDE, HAT NEBEN DEN ZAHLREICHEN SPIELHALLEN UND COMPUTERGESCHÄFTEN PLATZ GEMACHT FÜR ANIMEMERCHANDISE.
DAMIT SICH AUCH JEDER OTAKU IN AKIBA (SO DIE KURZFORM) WIRKLICH ZU HAUSE FÜHLT.

Feiertag des Monats: 15. August

しゅうせんきねんび
終戦記念日

Jahrestag des Kriegsendes

Am 15. August1945, nur wenige Tage nach den Atombombenangriffen auf Nagasaki und Hiroshima (6. August1945), kapitulierte der japanische Kaiser in einer Radioansprache vor der Übermacht der Alliierten. Nicht nur die Kapitulation war ungeheuerlich, sondern auch, dass der Kaiser erstmalig zu seinem Volk sprach und auch noch erklärte, dass er gar kein Gott sei – dabei beruhte eine Legitimation des japanischen Kaiserhauses darauf, dass die Göttin Amaterasu Omikami die Ahnherrin sei.
Der Zweite Weltkrieg war damit auch in Asien endlich vorbei.

Checklist

BATTLE ANGEL ALITA
von Yukito Kishiro
€ 6,- (D) / € 6,20 (A)
○ Band 1 bis 9
In 9 Bänden abgeschlossen

BATTLE ANGEL ALITA - LAST ORDER
von Yukito Kishiro
€ 6,- (D) / € 6,20 (A)
○ Band 1 bis 9
Bislang 9 Bände in Japan

BITTE SEHR, BITTE GLEICH!
von Ai Morinaga
€ (D) 6,- / € (A) 6,20
○ Band 1 03/08
In 2 Bänden abgeschlossen

BLACK CAT
von Kentaro Yabuki
€ 6,- (D) / € 6,20 (A)
○ Band 1 bis 14
○ Band 15 12/07 ○ Band 16 02/08
In 20 Bänden abgeschlossen

BLACK LAGOON
von Rei Hiroe
€ 6,- (D) / € 6,20 (A)
○ Band 1 bis 4 ○ Band 5 12/07
Bislang 6 Bände in Japan

BLOOD HOUND
von Kaori Yuki
€ 8,- (D) / € 8,30 (A)
○ Blood Hound

BLOOD ALONE
von Masayuki Takano
€ 7,50 (D) / € 7,80 (A)
○ Band 1 bis 3
Bislang 4 Bände in Japan

BOY'S NEXT DOOR
von Kaori Yuki
€ 6,- (D) / € 6,20 (A)
○ Boy's Next Door

BRONZE: ZETSUAI SINCE 1989
von Minami Ozaki
€ 6,- (D) / € 6,20 (A)
○ Zetsuai Band 1 bis 5*
○ Bronze Band 1 bis 14**
Bislang *5 bzw. **14 Bände in Japan

CANDIDATE FOR GODDESS
von Yukiru Sugisaki
€ 6,- (D) / € 6,20 (A)
○ Band 1 bis 5
Bislang 5 Bände in Japan

CANTARELLA
von You Higuri
€ 6,- (D) / € 6,20 (A)
○ Band 1 bis 10
Bislang 10 Bände in Japan

CAPTAIN TSUBASA - DIE TOLLEN FUSSBALLSTARS
von Yoichi Takahashi
€ 5,- (D) / € 5,20 (A)
○ Band 1 bis 27
(Fortsetzung nächste Seite)

ADOLF
von Osamu Tezuka
€ 12,- (D) / € 12,40 (A)
○ Band 1 bis 5
In 5 Bänden abgeschlossen

AKIRA - Original Edition
von Katsuhiro Otomo
€ 16,- (D) / € 16,50 (A)
○ Band 1 bis 6
In 6 Bänden abgeschlossen

AKIRA CLUB
von Katsuhiro Otomo
€ 29,90 (D) / € 30,80 (A)
○ Akira Club

ALICE ACADEMY
von Tachibana Higuchi
€ 5,- (D) / € 5,20 (A)
○ Band 1 bis 3 ○ Band 4 12/07
Bislang 13 Bände in Japan

ALICHINO
von Kouyou Shurei
€ 10,- (D) / € 10,30 (A)
○ Band 1 bis 3
Bislang 3 Bände in Japan

A MILLION TEARDROPS
von Yuana Kazumi
€ 6,- (D) / € 6,20 (A)
○ Band 1 bis 2
In 2 Bänden abgeschlossen

ANGEL SANCTUARY
von Kaori Yuki
€ 6,- (D) / € 6,20 (A)
○ Band 1 bis 20
In 20 Bänden abgeschlossen
€ 12,- (D) / € 12,40 (A)
○ Postkartenbuch »Angelic Voice«
€ 30,- (D) / € 30,90 (A)
○ Artbook »Angel Cage«
○ Artbook »Lost Angel«

ANNE FREAKS
von Yua Kotegawa
€ 7,50 (D) / € 7,80 (A)
○ Band 1 bis 4
In 4 Bänden abgeschlossen

ASTRAL PROJECT
von marginal & Syuji Takeya
€ 7,50 (D) / € 7,80 (A)
○ Band 1 bis 2 ○ Band 3 01/08
In 4 Bänden abgeschlossen

BARFUSS DURCH HIROSHIMA
von Keiji Nakazawa
€ 12,- (D) / € 12,40 (A)
○ Band 1 bis 4
In 4 Bänden abgeschlossen

BASTARD!!
von Kazushi Hagiwara
€ 6,- (D) / € 6,20 (A)
○ Band 1 bis 23 ○ Band 24 03/08
Bislang 24 Bände in Japan

Checklist

CHRNO CRUSADE
von Daisuke Moriyama
€ 10,- (D) / € 10,30 (A)
○ Band 1 bis 8
In 8 Bänden abgeschlossen

CHRONIKEN VON ERDSEE, DIE
von Goro Miyazaki & Studio Ghibli
€ (D) 7,95 / € (A) 8,20
○ Band 1 bis 2
○ Band 3 12/07 ○ Band 4 01/08

CLOVER!
von CLAMP
€ 8,- (D) / € 8,30 (A)
○ Band 1 bis 4
In 4 Bänden abgeschlossen

CROWN
von Shinji Wada
€ 6,- (D) / € 6,20 (A)
○ Band 1 bis 2
Bislang 3 Bände in Japan

CRUEL FAIRYTALES
von Kaori Yuki
€ 6,- (D) / € 6,20 (A)
○ Cruel Fairytales

DAISUKI
Monatliches Magazin
Lifestyle made in Japan!
€ 5,- (D) / € 5,20 (A)
○ bis Ausgabe 11/07
○ Ausgabe 12/07 ○ Ausgabe 01/08
○ Ausgabe 02/08 ○ Ausgabe 03/08
Empf. VK € 14,95 (D) / € 15,50 (A)
○ Plüsch-Maskottchen KISU
Empf. VK € 14,90 (D) / € 14,90 (A)
○ DAISUKI-Jahresplaner

DELILAH'S MYSTERY
von Nam & Tram Nguyen
€ 6,- (D) / € 6,20 (A)
○ Delilah's Mystery

DAS DEMIAN-SYNDROM
von Mamiya Oki
€ 6,- (D) / € 6,20 (A)
○ Band 1 bis 4
Bislang 5 Bände in Japan

DESIRE
von Maki Kazumi & Yukine Honami
€ 6,- (D) / € 6,20 (A)
○ Desire

DETEKTIV LOKI / DETEKTIV LOKI - RAGNAROK
von Sakura Kinoshita
€ 6,- (D) / € 6,20 (A)
Detektiv Loki
○ Band 1 bis 7
In 7 Bänden abgeschlossen
Detektiv Loki – Ragnarok
○ Band 1 bis 5
In 5 Bänden abgeschlossen

CAPTAIN TSUBASA (Fortsetzung)
€ 6,- (D) / € 6,20 (A)
○ Band 28 bis 37
In 37 Bänden abgeschlossen

CHARMING JUNKIE
von Ryoko Fukuyama
€ 6,- (D) / € 6,20 (A)
○ Band 1 bis 5 ○ Band 6 01/08
Bislang 9 Bände in Japan

CHEEKY VAMPIRE
von Yuna Kagesaki
€ 5,- (D) / € 5,20 (A)
○ Band 1 bis 2
○ Band 3 12/07 ○ Band 4 03/08
Bislang 11 Bände in Japan

CHIBI
€ 1,95 (D) / € 2,- (A)

DRACHENSCHNEE
von Franziska Steffen & Tina Lindhorst
○ Drachenschnee

E-MOTIONAL
von Martina Peters
○ E-Motional

GEEKS
von Michael Rühle
○ Geeks

IM NAMEN DES SOHNES
von Zofia Garden
○ Im Namen des Sohnes

KENSEI
von Christian Pick
○ Kensei

LUXUS
von Judith Park
○ Luxus

MAKE A DATE
von Alexandra Völker
○ Make A Date

RACCOON
von Melanie Schober
○ Raccoon

STRIKE BACK
von Olga Rogalski
○ Strike Back

TWINS LOVE PANIC
von Dörte Dettlaff
○ Twins Love Panic

WHITE PEARL
von Nadine Büttner
○ White Pearl

CHIRALITY COLLECTION
von Satoshi Urushihara
€ 19,90 (D) / € 20,50 (A)
○ Chirality Collection Frühjahr 08
In 3 Bänden abgeschlossen

CARLSEN MANGA! Checklist

EIGHT
von Atsushi Kamijo
€ 7,50 (D) / € 7,80 (A)
○ Band 1 09/07 ○ Band 2 12/07 ○ Band 3 03/08
In 4 Bänden abgeschlossen

DER ENTENPRINZ
von Ai Morinaga
€ 6,- (D) / € 6,20 (A)
○ Band 1 bis 6
In 6 Bänden abgeschlossen

EREMENTAR GERAD
von Mayumi Azuma
€ 6,- (D) / € 6,20 (A)
○ Band 1 bis 9 ○ Band 10 03/08
Bislang 11 Bände in Japan

EREMENTAR GERAD – FLAG OF BLUE SKY
von Mayumi Azuma
€ 6,- (D) / € 6,20 (A)
○ Band 1 bis 2 ○ Band 3 12/07
Bislang 4 Bände in Japan

EUREKA SEVEN
BONES & Jinsei Kataoka & Kazuma Kondou
€ 6,- (D) / € 6,20 (A)
○ Band 1 bis 3 ○ Band 4 03/08
Insgesamt 6 Bände in Japan

FAIRY CUBE
von Kaori Yuki
€ 6,- (D) / € 6,20 (A)
○ Band 1 bis 3
In 3 Bänden abgeschlossen

FAKE
von Sanami Matoh
€ 6,- (D) / € 6,20 (A)
○ Band 1 bis 7
In 7 Bänden abgeschlossen

FLOWER
von You Higuri
€ 6,- (D) / € 6,20 (A)
○ Flower 02/08

FLOWER OF THE DEEP SLEEP
von Yuana Kazumi
€ 6,- (D) / € 6,20 (A)
○ Band 1 bis 2
In 2 Bänden abgeschlossen

FRUITS BASKET
von Natsuki Takaya
€ 5,- (D) / € 5,20 (A)
○ Band 1 bis 14 ○ Band 15 04/08
In 22 Bänden abgeschlossen

GAKUEN HEAVEN
von You Higuri & Spray
€ 6,- (D) / € 6,20 (A)
○ Gakuen Heaven

GIRLS BRAVO
von Mario Kaneda
€ 6,- (D) / € 6,20 (A)
○ Band 1 bis 8 ○ Band 9 01/08
Insgesamt 10 Bände in Japan

D.N. ANGEL
von Yukiru Sugisaki
€ 5,- (D) / € 5,20 (A)
○ Band 1 bis 11
Bislang 11 Bände in Japan
€ 26,- (D) / € 26,80 (A)
○ Artbook »Neutral«

DNA²
von Masakazu Katsura
€ 5,- (D) / € 5,20 (A)
○ Band 1 bis 5
In 5 Bänden abgeschlossen

DRAGIC MASTER
von Robert Labs
€ 10,- (D) / € 10,30 (A)
○ Band 1 bis 2
In 2 Bänden abgeschlossen
€ 16,- (D) / € 16,50 (A)
○ Dragic Master Special Book

DRAGON BALL (und andere TORIYAMA-SERIEN)

DRAGON BALL
von Akira Toriyama
€ 5,- (D) / € 5,20 (A)
○ Band 1 bis 42
In 42 Bänden abgeschlossen

DRAGON BALL ARTBOOK
von Akira Toriyama
€ 26,- (D) / € 26,80 (A)
○ Dragon Ball Artbook

DRAGON BALL GT
€ 6,- (D) / € 6,20 (A)
○ Band 1 bis 3
In 3 Bänden abgeschlossen

DRAGON BALL Z
€ 6,- (D) / € 6,20 (A)
○ Band 1 bis 11
€ 7,- (D) / € 7,20 (A)
○ Band 12 bis 15
In 15 Bänden abgeschlossen

DRAGON BALL Z – ZEICHENKURS
€ 10,- (D) / € 10,30 (A)
○ How to draw Dragon Ball Z

DRAGON GIRLS
von Yuji Shiozaki
€ 10,- (D) / € 10,30 (A)
○ Band 1 bis 9 ○ Band 10 01/08
Bislang 11 Bände in Japan

3 X 3 AUGEN
von Yuzo Takada
€ 6,- (D) / € 6,20 (A)
○ Band 1 bis 40
In 40 Bänden abgeschlossen

DYSTOPIA
von Judith Park
€ 6,- (D) / € 6,20 (A)
○ Dystopia

Checklist

HAPPY MANIA
von Moyoco Anno
€ 9,90 (D) / **€ 10,20** (A)
○ Band 1 bis 6
Insgesamt 11 Bände in Japan

HEADS
von Keigo Higashino & Motorou Mase
€ 7,50 (D) / **€ 7,80** (A)
○ Band 1 bis 4
In 4 Bänden abgeschlossen

HELTER SKELTER
von Kyoko Okazaki
€ 14,90 (D) / **€ 15,40** (A)
○ Helter Skelter

HIKARU NO GO
von Yumi Hotta & Takeshi Obata
€ 6,- (D) / **€ 6,20** (A)
○ Band 1 bis 13 ○ Band 14 01/08
Insgesamt 23 Bände in Japan

HUNTER x HUNTER
von Yoshihiro Togashi
€ 5,- (D) / **€ 5,20** (A)
○ Band 1 bis 17 ○ Band 18 02/08
Bislang 24 Bände in Japan

IDOL
von Stella Brandner
€ 6,- (D) / **€ 6,20** (A)
○ Idol 02/08

IKEBUKURO WEST GATE PARK – IWGP
von Ira Ishida & Aritou Sena
€ 7,50 (D) / **€ 7,80** (A)
○ Band 1 bis 4
In 4 Bänden abgeschlossen

IN A DISTANT TIME
von Tohko Mizuno
€ 6,- (D) / **€ 6,20** (A)
○ Band 1 bis 7 ○ Band 8 03/08
Bislang 13 Bände in Japan

I''s
von Masakazu Katsura
€ 6,- (D) / **€ 6,20** (A)
○ Band 1 bis 15
€ 8,- (D) / **€ 8,30** (A)
○ Band 5 + Sammelschuber I
○ Band 10 + Sammelschuber II
○ Band 15 + Sammelschuber III
In 15 Bänden abgeschlossen

JA-DOU
von Mamiya Oki & Tsubasa Kawahara
€ 6,- (D) / **€ 6,20** (A)
○ Band 1 bis 5
€ 6,- (D) / **€ 6,20** (A)
○ Ja-Dou – Teiou & Keika
Bislang 5 Bände + 1 Zusatzband in Japan

JAPANISCH FÜR MANGA-FANS
von Thora Kerner & Jin Baron
€ 8,- (D) / **€ 8,30** (A)
○ Band 1 ○ Band 2 12/07
Angelegt auf 2 Bände

GOD CHILD
von Kaori Yuki
€ 5,- (D) / **€ 5,20** (A)
○ Band 1 bis 2
€ 6,- (D) / **€ 6,20** (A)
○ Band 3 bis 13
In 13 Bänden abgeschlossen

GO KIDS
von Zhe Zhang
€ 6,- (D) / **€ 6,20** (A)
○ Band 1 bis 2
In 2 Bänden abgeschlossen

GOLDEN BOY
von Tatsuya Egawa
€ 10,- (D) / **€ 10,30** (A)
○ Band 1 bis 10
In 10 Bänden abgeschlossen

GORGEOUS CARAT
von You Higuri
€ 6,- (D) / **€ 6,20** (A)
○ Band 1 bis 4
In 4 Bänden abgeschlossen

GORGEOUS CARAT GALAXY
von You Higuri
€ 7,50 (D) / **€ 7,80** (A)
○ Gorgeous Carat Galaxy

GRAB DER ENGEL
von You Higuri
€ 6,- (D) / **€ 6,20** (A)
○ Grab der Engel

GRAVEL KINGDOM
von Kaori Yuki
€ 6,- (D) / **€ 6,20** (A)
○ Gravel Kingdom

GRAVITATION
von Maki Murakami
€ 6,- (D) / **€ 6,20** (A)
○ Band 1 bis 12
Insgesamt 12 Bände in Japan

.HACK – LEGEND OF THE TWILIGHT
von Rei Izumi & Tatsuya Hamazaki
€ 6,- (D) / **€ 6,20** (A)
○ Band 1 bis 2
€ 8,- (D) / **€ 8,30** (A) (**280 Seiten**)
○ Band 3
In 3 Bänden abgeschlossen

.HACK//XXXX
von Megane Kikuya & Hiroshi Matsuyama
€ 6,- (D) / **€ 6,20** (A)
○ Band 1 ○ Band 2 01/08
In 2 Bänden abgeschlossen

HANA-KIMI
von Hisaya Nakajo
€ 5,- (D) / **€ 5,20** (A)
○ Band 1 bis 12
○ Band 13 10/07 ○ Band 14 02/08
Insgesamt 23 Bände in Japan

Checklist

LAWFUL DRUG
von CLAMP
€ 8,- (D) / € 8,30 (A)
○ Band 1 bis 3
Bislang 3 Bände in Japan

LEGEND OF LEMNEAR
von Satoshi Urushihara
€ 10,- (D) / € 10,30 (A)
○ Band 1 bis 3
In 3 Bänden abgeschlossen

LINE
von Yua Kotegawa
€ 7,50 (D) / € 7,80 (A)
○ Line

LOVE CONTRACT
von Kae Mayura
€ 6,- (D) / € 6,20 (A)
○ Love Contract

LOVE HUSTLER
von Reiichi Hiiro
€ (D) 6,- / € (A) 6,20
○ Band 1 01/08 ○ Band 2 02/08

LOVE MODE
von Yuki Shimizu
€ 6,- (D) / € 6,20 (A)
○ Band 1 bis 7 ○ Band 8 01/08 ○ Band 9 03/08
Insgesamt 11 Bände in Japan

LUDWIG REVOLUTION
von Kaori Yuki
€ 6,- (D) / € 6,20 (A)
○ Band 1 ○ Band 2 12/07
Bislang 3 Bände in Japan

MAGICAL SWEET MERMAID
von Itsuru Minase
€ 5,- (D) / € 5,20 (A)
○ Magical Sweet Mermaid

MAGIC KNIGHT RAYEARTH
von CLAMP
€ 6,- (D) / € 6,20 (A)
○ Band 1 bis 6
In 6 Bänden abgeschlossen
€ 26,- (D) / € 26,80 (A)
○ Illustration Collection Artbook 1+2 (HC)

MAHOROMATIC - AUTOMATIC MAIDEN
von Bunjuro Nakayama & Bow Bitama
€ 10,- (D) / € 10,30 (A)
○ Band 1 bis 7
€ 12,- (D) / € 12,40 (A)
○ Band 8
In 8 Bänden abgeschlossen

MANGA LOVE STORY
von Katsu Aki
€ 6,- (D) / € 6,20 (A)
○ Band 1 bis 33 ○ Band 34 01/08
Bislang 34 Bände in Japan
€ 16,- (D) / € 16,50 (A)
○ Artbook »Yura Yura«

JIBUN JISHIN
von Nina Werner
€ 6,- (D) / € 6,20 (A)
○ Jibun Jishin

JUNJO ROMANTICA
von Shungiku Nakamura
€ 6,- (D) / € 6,20 (A)
○ Band 1 bis 4
○ Band 5 12/07 ○ Band 6 03/08
Bislang 8 Bände in Japan

KAINE
von Kaori Yuki
€ 6,- (D) / € 6,20 (A)
○ Kaine - Endorphine of Black

KAJIKA
von Akira Toriyama
€ 5,- (D) / € 5,20 (A)
○ Kajika

KAMIYADORI
von Kei Sanbe
€ 6,- (D) / € 6,20 (A)
○ Band 1 bis 2
○ Band 3 12/07 ○ Band 4 03/08
Insgesamt 5 Bände in Japan

KARE KANO
von Masami Tsuda
€ 5,- (D) / € 5,20 (A)
○ Band 1 bis 15 ○ Band 16 12/07 ○ Band 17 03/08
Insgesamt 21 Bände in Japan

KEKKAISHI
von Yellow Tanabe
€ 6,- (D) / € 6,20 (A)
○ Band 1 12/07 ○ Band 2 02/08

KISS ME, TEACHER
von Kazuma Kodaka
€ 6,- (D) / € 6,20 (A)
○ Band 1 bis 7 ○ Band 8 02/08 ○ Band 9 03/08
Insgesamt 10 Bände in Japan

KIZUNA
von Kazuma Kodaka
€ 6,- (D) / € 6,20 (A)
○ Band 1 bis 10
Bislang 10 Bände in Japan

KYOKO KARASUMA
von Ohji Hiroi & Yusuke Kozaki
€ (D) 6,- / € (A) 6,20 / sFr. 10,90
○ Band 1 bis 3 ○ Band 4 02/08
Bislang 5 Bände in Japan

LADY SNOWBLOOD
von Kazuo Koike & Kazuo Kamimura
€ 16,90 (D) / € 17,40 (A)
○ Band 1 bis 2
€ 18,- (D) / € 18,50 (A)
○ Band 2 + Sammelschuber
In 2 Bänden abgeschlossen

LAGOON ENGINE
von Yukiru Sugisaki
€ 6,- (D) / € 6,20 (A)
○ Band 1 bis 3
Bislang 4 Bände in Japan

Checklist

NEON GENESIS EVANGELION – ARTBOOKS
von Gainax & Yoshiyuki Sadamoto
€ 16,- (D) / € 16,50 (A)
- ○ Photo-File 1: Eve
- ○ Photo-File 2: Adam

€ 26,- (D) / € 26,80 (A)
- ○ Artbook »Der Mond«
- ○ Artbook »Die Sterne«

€ 36,- (D) / € 37,10 (A)
- ○ Artbook »100% Newtype«

OLD BOY
von Tsuchiya Garon & Minegishi Nobuaki
€ 12,- (D) / € 12,40 (A)
- ○ Band 1 bis 4

In 4 Bänden abgeschlossen

ONE PIECE
von Eiichiro Oda
€ 5,- (D) / € 5,20 (A)
- ○ Band 1 bis 44
- ○ Band 45 [12/07] ○ Band 46 [03/08]

Bislang 44 Bände in Japan
€ 7,- (D) / € 7,20 (A)
- ○ One Piece Blue

€ 8,- (D) / € 8,30 (A)
- ○ One Piece Red

€ 20,- (D) / € 20,60 (A)
- ○ Artbook »Color Walk«

ONLY THE RING FINGER KNOWS
von Satoru Kannagi & Hotaru Odagiri
€ 6,- (D) / € 6,20 (A)
- ○ Only The Ring Finger Knows

OURAN HIGH SCHOOL HOST CLUB
von Bisco Hatori
€ 5,- (D) / € 5,20 (A)
- ○ Band 1 bis 8 ○ Band 9 [01/08]

Bislang 10 Bände in Japan

PERFUME MASTER
von Kaori Yuki
€ 10,- (D) / € 10,30 (A)
- ○ Perfume Master

PERSONAL PARADISE
von Melanie Schober
€ 6,- (D) / € 6,20 (A)
- ○ Personal Paradise [02/08]

PLASTIC LITTLE
von Satoshi Urushihara
€ 10,- (D) / € 10,30 (A)
- ○ Plastic Little

PRINZESSIN MONONOKE
von Hayao Miyazaki / Studio Ghibli
€ 6,- (D) / € 6,20 (A)
- ○ Band 1 bis 4

In 4 Bänden abgeschlossen
€ 35,- (D) / € 36,- (A)
- ○ Prinzessin Mononoke – Artbook (HC)

PUPPENKRISE
von René Scheibe
€ 6,- (D) / € 6,20 (A)
- ○ Puppenkrise [03/08]

MANGA LOVE STORY FOR LADIES
von Katsu Aki
€ 6,- (D) / € 6,20 (A)
- ○ Band 1 bis 2

Bislang 2 Bände in Japan

MANGA-TALENTE
Diverse
€ 6,- (D) / € 6,20 (A)
- ○ Manga-Talente 2007

MANGA ZEICHENKURS
von Akira Toriyama
€ 10,- (D) / € 10,30 (A)
- ○ Manga Zeichenkurs

MIRMO!
von Hiromu Shinozuka
€ 5,- (D) / € 5,20 (A)
- ○ Band 1 bis 8 ○ Band 9 [03/08]

Insgesamt 12 Bände in Japan

MISSILE HAPPY!
von Miki Kiritani
€ 6,- (D) / € 6,20 (A)
- ○ Band 1 bis 5

In 5 Bänden abgeschlossen

MIYUKI-CHAN IM WUNDERLAND
von CLAMP
€ 12,- (D) / € 12,40 (A)
- ○ Miyuki-Chan im Wunderland

MONSTER COLLECTION
Sei Itoh
€ 6,50 (D) / € 6,70 (A)
- ○ Band 1 [01/08]

NARUTO
von Masashi Kishimoto
€ 5,- (D) / € 5,20 (A)
Naruto
- ○ Band 1 bis 26
- ○ Band 27 [12/07] ○ Band 28 [02/08]

Bislang 38 Bände + 3 Zusatzbände in Japan
€ 8,- (D) / € 8,30 (A)
- ○ Naruto - Die Schriften des Rin

€ (D) 19,95 / € (A) 20,60
- ○ Artbook – Uzumaki

NEJI
von Kaori Yuki
€ 6,- (D) / € 6,20 (A)
- ○ Neji

NEKO MAJIN
von Akira Toriyama
€ 9,90 (D) / € 10,20 (A)
- ○ Neko Majin

NEON GENESIS EVANGELION
von Gainax / Yoshiyuki Sadamoto
€ 6,- (D) / € 6,20 (A)
- ○ Band 1 bis 10

Bislang 11 Bände in Japan

NEON GENESIS EVANGELION-IRON MAIDEN 2ND
von Gainax / Fumino Hayashi
€ 6,- (D) / € 6,20 (A)
- ○ Band 1 bis 6

In 6 Bänden abgeschlossen

Checklist

SILVER DIAMOND
von Shiho Sugiura
€ 6,- (D) / € 6,20 (A)
○ Band 1 bis 2 ○ Band 3 01/08 ○ Band 4 03/08
Bislang 11 Bände in Japan

SKIP BEAT
von Yoshiki Nakamura
€ 5,- (D) / € 5,20 (A)
○ Band 1 bis 9 ○ Band 10 01/08
Bislang 14 Bände in Japan

SKYDREAM SONG
von Yuana Kazumi
€ 6,- (D) / € 6,20 (A)
○ Skydream Song

SLAYERS SPECIAL
von Hajime Kanzaka & Tommy Ohtsuka
& Rui Araizumi
€ 6,- (D) / € 6,20 (A)
○ Band 1 bis 3 ○ Band 4 12/07
Insgesamt 4 Bände in Japan

SPECIAL A
von Maki Minami
€ 6,- (D) / € 6,20 (A)
○ Band 1 bis 2 ○ Band 3 03/08
Bislang 8 Bände in Japan

SPEED GRAPHER
von GONZO & Tomozo
€ 7,50 (D) / € 7,80 (A)
○ Band 1 02/08
Abgeschlossen in 3 Bänden

SPIRITED AWAY - CHIHIROS REISE INS ZAUBERLAND
von Hayao Miyazaki / Studio Ghibli
€ 7,- (D) / € 7,20 (A)
○ Band 1 bis 5
In 5 Bänden abgeschlossen

SPRING FLOWER - HARU-HANA
von Yuana Kazumi
€ 6,- (D) / € 6,20 (A)
○ Band 1 02/08
Abgeschlossen in 3 Bänden

SUSHI ENTDECKEN
vom Studio Isamoto
€ 10,- (D) / € 10,30 (A)
○ Sushi entdecken (HC)

TACTICS
von Sakura Kinoshita & Kazuko Higashiyama
€ 6,- (D) / € 6,20 (A)
○ Band 1 bis 7
Bislang 8 Bände in Japan

TAKUMI-KUN
von Shinobou Gotoh & Kazumi Ohya
€ 6,- (D) / € 6,20 (A)
○ Band 1 bis 4 ○ Band 5 01/08
Bislang 6 Bände in Japan

TANIGUCHI, JIRO
von Jiro Taniguchi
€ 19,90 (D) / € 20,50 (A)
○ Vertraute Fremde
€ 14,- (D) / € 14,40 (A)
○ Die Sicht der Dinge 02/08

R² - RISE R TO THE SECOND POWER
von Maki Hakoda
€ 6,- (D) / € 6,20 (A)
○ Band 1 bis 2
Bislang 2 Bände in Japan

RAGNAROCK CITY
von Satoshi Urushihara
€ 18,- (D) / € 18,70 (A)
○ Ragnarock City

RECORD OF LODOSS WAR
von Ryo Mizuno u.a.
€ 6,- (D) / € 6,20 (A)
○ Die Chroniken von Flaim Band 1 bis 6
In 6 Bänden abgeschlossen
○ Die graue Hexe Band 1 bis 3
In 3 Bänden abgeschlossen
○ Deedlit Band 1 bis 2
In 2 Bänden abgeschlossen
€ 12,- (D) / € 12,40 (A)
○ Lady von Pharis Band 1 bis 2
In 2 Bänden abgeschlossen

RIN!
von Satoru Kannagi & Yukine Honami
€ 6,- (D) / € 6,20 (A)
○ Band 1 ○ Band 2 02/08
In 3 Bänden abgeschlossen

SAIYUKI
von Kazuya Minekura
€ 10,- (D) / € 10,30 (A)
○ Band 1 bis 9
In 9 Bänden abgeschlossen

SAND LAND
von Akira Toriyama
€ 5,- (D) / € 5,20 (A)
○ Sand Land

SEIMADEN
von You Higuri
€ 6,- (D) / € 6,20 (A)
○ Band 1 bis 10
In 10 Bänden abgeschlossen

SHAMAN KING
von Hiroyuki Takei
€ 5,- (D) / € 5,20 (A)
○ Band 1 bis 22
○ Band 23 01/08 ○ Band 24 03/08
Insgesamt 32 Bände in Japan

SHE, THE ULTIMATE WEAPON
von Shin Takahashi
€ 6,- (D) / € 6,20 (A)
○ Band 1 bis 6
€ 8,- (D) / € 8,30 (A) (336 Seiten)
○ Band 7
In 7 Bänden abgeschlossen

SHIN ANGYO ONSHI -DER LETZTE KRIEGER
von Youn In-Wan & Yang Kyung-Il
€ 6,50 (D) / € 6,70 (A)
○ Band 1 bis 6 ○ Band 7 02/08
Bislang 15 Bände in Japan

Checklist

WHEN A MAN LOVES A MAN
von Youka Nitta
€ 6,- (D) / € 6,20 (A)
- ○ Band 1 bis 3
- ○ Band 4 12/07 ○ Band 5 02/08

Insgesamt 9 Bände in Japan

WILD ADAPTER
von Kazuya Minekura
€ 7,50 (D) / € 7,80 (A)
- ○ Band 1 bis 5

Bislang 5 Bände in Japan

WILD FISH
von Reiichi Hiiro
€ 6,- (D) / € 6,20 (A)
- ○ Wild Fish

WILD ROCK
von Kazusa Takashima
€ 6,- (D) / € 6,20 (A)
- ○ Wild Rock

WISH
von CLAMP
€ 6,- (D) / € 6,20 (A)
- ○ Band 1 bis 4

In 4 Bänden abgeschlossen
€ 12,- (D) / € 12,40 (A)
- ○ Wish Illustration Collection (HC)

X/1999
von CLAMP
€ 6,- (D) / € 6,20 (A)
- ○ Band 1 bis 18

Bislang 18 Bände in Japan

YAMI NO MATSUEI
von Yoko Matushita
€ 6,- (D) / € 6,20 (A)
- ○ Band 1 bis 11

Bislang 11 Bände in Japan

Y SQUARE
von Judith Park
€ 6,- (D) / € 6,20 (A)
- ○ Y Square
- ○ Y Square Plus

YOU HIGURIS LOST ANGEL
von You Higuri
€ 6,- (D) / € 6,20 (A)
- ○ You Higuris Lost Angel

YU-GI-OH!
von Kazuki Takahashi
€ 5,- (D) / € 5,20 (A)
- ○ Band 1 bis 32
- ○ Band 33 01/08 ○ Band 34 03/08

Insgesamt 38 Bände in Japan

ZETSUAI
siehe Rubrik BRONZE: ZETSUAI SINCE 1989

TOKYO BABYLON
von CLAMP
€ 6,- (D) / € 6,20 (A)
- ○ Band 1 bis 5

In 5 Bänden abgeschlossen

TOKYO MEW MEW
von Mia Ikumi & Reiko Yoshida
€ 5,- (D) / € 5,20 (A)
- ○ Band 1 bis 7

In 7 Bänden abgeschlossen

TOKYO MEW MEW A LA MODE
von Mia Ikumi
€ 6,- (D) / € 6,20 (A)
- ○ Band 1 bis 2

In 2 Bänden abgeschlossen

TRAIN MAN
von Hitori Nakano & Hidenori Hara
€ 6,- (D) / € 6,20 (A)
- ○ Band 1 bis 2 ○ Band 3 12/07

Insgesamt 3 Bände in Japan

TRIGUN / TRIGUN MAXIMUM
von Yasuhiro Nightow
€ 12,- (D) / € 12,40 (A)
- ○ Trigun Band 1 bis 2

In 2 Bänden abgeschlossen
- ○ Trigun Maximum: Band 1 bis 4

Bislang 12 Bände in Japan (jp. 1+2 = dt. 1)

VAMPIRE HUNTER D
von Matsuri Hino
€ 6,- (D) / € 6,20 (A)
- ○ Band 1 12/07

VAMPIRE KNIGHT
Matsuri Hino
€ 6,- (D) / € 6,20 (A)
- ○ Band 1 bis 2 ○ Band 3 03/08

Bislang 5 Bände in Japan

VENUS ILLUSTRATIONS ARTBOOK
von Satoshi Urushihara
€ 16,- (D) / € 16,50 (A)
- ○ Venus Illustrations Artbook

W JULIET
von Emura
€ 6,- (D) / € 6,20 (A)
- ○ Band 1 bis 8 ○ Band 9 02/08

Insgesamt 14 Bände in Japan

DAS WANDELNDE SCHLOSS
von Hayao Miyazaki / Studio Ghibli
€ 7,90 (D) / € 8,20 (A)
- ○ Band 1 bis 4

In 4 Bänden abgeschlossen

WANTED!
von Eiichiro Oda
€ 5,- (D) / € 5,20 (A)
- ○ Wanted!

WEISSER WALZER
von Chiho Saito
€ 6,- (D) / € 6,20 (A)
- ○ Band 1 bis 4

In 4 Bänden abgeschlossen

HALT!

Dies ist nicht der Anfang des Buches. »Japanisch für Manga-Fans« ist ein Sprachkurs im japanischen Comic-Stil. Und da in Japan von »hinten« nach »vorne« und von rechts nach links gelesen wird, musst du das Buch auf der anderen Seite aufschlagen.

Auch die einzelnen Seiten werden von oben rechts nach unten links gelesen, so wie es die Grafik zeigt.

Deutsche Ausgabe / German Edition
2 3 4 5 10 09 08 07

Redaktion: Jonas Blaumann, Bettina Lahrs
Grafik & Layout: Remde und Partner, Laura Bartels
Herstellung: Björn Liebchen
Druck und buchbinderische Verarbeitung: Westermann Druck GmbH, Zwickau

ISBN 978-3-551-77440-8
Printed in Germany